"十四五"职业教育国家规划教材

本教材第三版
曾获首届全国教材建设奖
全国优秀教材二等奖

职场礼仪与沟通

（第五版）

主　编　斯静亚　卓宜男
副主编　沈　祎　樊旭敏
参　编　方　梅　诸辰辰　裘文意

ZHICHANG LIYI YU GOUTONG

中国教育出版传媒集团
高等教育出版社·北京

内容提要

本书是"十四五"职业教育国家规划教材。

本书包括"成功入职""职场形象设计""职场日常交际""职场商务交往""课程综合实训"五大教学模块，以设置的两位"线索人物"将各模块贯穿起来，集知识性、趣味性、创新性于一体，体现了"沟通表达有礼仪，礼仪表现即沟通"的编写理念。本书由校企双元合作开发，设计了丰富的实践活动，可操作性强，有利于使学生真正做到"做中学、学中做"。为了利教便学，部分学习资源（如礼仪视频）以二维码形式提供在相关内容旁，可扫描获取。此外，本书另配有教学课件、教案等教学资源，供教师教学使用。

本书适合作为高等职业院校职业素质教育课程教材，也可以作为企事业单位的培训用书。

图书在版编目（CIP）数据

职场礼仪与沟通 / 斯静亚，卓宜男主编. --5 版.
北京 : 高等教育出版社，2024.8（2025.2重印）.
ISBN 978-7-04-062475-5

Ⅰ. C912.1

中国国家版本馆CIP数据核字第20248M808D号

| 策划编辑 | 雷 芳 | 责任编辑 | 赵力杰 | 封面设计 | 张文豪 | 责任印制 | 高忠富 |

出版发行	高等教育出版社	网　　址　http://www.hep.edu.cn
社　　址	北京市西城区德外大街4号	http://www.hep.com.cn
邮政编码	100120	网上订购　http://www.hepmall.com.cn
印　　刷	上海新艺印刷有限公司	http://www.hepmall.com
开　　本	787mm×1092mm　1/16	http://www.hepmall.cn
印　　张	16.75	版　　次　2012年10月第1版
字　　数	338千字	2024年8月第5版
购书热线	010-58581118	印　　次　2025年2月第5次印刷
咨询电话	400-810-0598	定　　价　39.00元

本书如有缺页、倒页、脱页等质量问题，请到所购图书销售部门联系调换

前言

本书是"十四五"职业教育国家规划教材,自初版以来,历经四次修订,第三版是首届全国教材建设奖获奖教材(二等奖)。

本书是在上一版的基础上修订而成的。本次修订重点突出以下特点。

1. 全面贯彻党的教育方针,坚定落实立德树人根本任务

本次修订使教材的价值导向更为鲜明。本书深入贯彻落实党的二十大报告提出的新思想、新判断、新目标、新举措,全面贯彻党的教育方针,落实立德树人根本任务,培养德智体美劳全面发展的社会主义建设者和接班人,坚守"为党育人、为国育才"的初心。我们以"建设知识型、技能型、创新型劳动者大军"为指引,更新了部分案例,选取爱岗敬业、精益求精、协作共进的职场人作为本书的领路人、示范者,旨在大力弘扬"爱岗敬业的职业精神、精益求精的品质精神、协作共进的团队精神、追求卓越的创新精神",体现新时代内涵。此外,在本次修订中,我们牢牢把握中华优秀传统文化的时代价值,认真汲取中华优秀传统文化的思想精华和道德精髓,从传统文献中选用与内容相契合的经典文句,推进课程思政落地,把教育思想、观念、宗旨落地在课程综合实践项目,为学生在理想信念的确立中,提供有益启迪和有益借鉴。

2. 配套资源更丰富,图文呈现更符合当代审美

根据教育信息化的时代需求,我们结合时代特色与当代审美要素,更新了本书全套图文资料,更新制作了配套课件,更换了大量图片,以期带来更直观、高效的教学体验。

3. 实践活动更丰富

我们与世界500强企业之一的浙江物产中大集团合作,对本书的模块设置及内容编排进行了共同探讨,集团人力资源部的部分领导和资深职员深度参与了本书的开发与建设。他们以其丰富的实践经验为本书把控时代脉搏,提供了许多来自一线并适应新时代发展需求的新知识、新技能、新规范、新标准,使本书的实践活动紧贴现实,能更加有效地提升学生的职业素养。

在本书的编写过程中，我们参考了大量的资料，广泛借鉴了国内外众多专家、学者的研究成果，得到了来自学科前沿、教学一线众多专家、教师等的支持与帮助，在此表示由衷的感谢！由于时间和水平有限，本书还存在许多不足之处，敬请广大读者批评指正，以便不断完善和提高本书质量。

编　者

嗨，大家好，我是孙瑛，于2023年6月毕业于某职业技术学院文秘专业。接下来请大家与我一起走进职场，在职场中共同学习、共同进步吧！

线索人物

嗨，大家好，我是董腾健，于2023年6月毕业于某职业技术学院市场营销专业。刚步入职场的我，在工作中遇到了很多关于礼仪与沟通方面的问题，也许将来你也会碰上，那么让我们一起边学习边解决吧！

目录

\ Contents

02
模块二
职场形象设计

03
模块三
职场日常交际

模块四 04 职场商务交往

模块五
05
课程综合实训

引　言

非礼勿视,非礼勿听,非礼勿言,非礼勿动。

——《论语·颜渊》

今人之化师法,积文学,道礼义者,为君子;纵性情,安恣睢,而违礼义者,为小人。

——《荀子·性恶》

人在社会生活中,是难以离开与其他人进行交往的。一个人如果不同其他人进行任何交往,那么他不是一位神,就是一只兽。

——亚里士多德

中国自古就是礼仪之邦,礼仪对于规范人们的社会行为、协调人际关系、促进人类社会发展具有积极的作用。人们可以根据各种各样的礼仪规范,正确把握与外界的人际交往尺度,处理好人与人之间的关系。如果没有这些礼仪规范,那么,人们在交往中往往就会感到手足无措,乃至失礼于人,闹出笑话。所以熟悉和掌握礼仪,就可以做到触类旁通,待人接物恰到好处。那么什么是礼仪呢？礼仪有什么作用,我们学习礼仪又有哪些基本原则需要遵守呢？

一、什么是礼仪

所谓礼仪,是指人们在社会交往活动过程中形成的应共同遵循的行为规范和准则,涉及穿着、交往、沟通、情商等内容,具体表现为礼节、礼貌、仪式、仪表等。礼仪是人类文化的结晶,社会文明的标志,人类交往的行为规范。

学习礼仪,深入体会礼仪的深层文化内涵,可以净化心灵。无论是日常待人接物的礼仪,还是群体性的较为庄重的礼仪,或者是关涉国家大典的礼仪,人们在实施礼仪的过程中,总会在精神层面上受到礼仪熏陶和教育。礼貌本身就是接受礼仪教育的结果。

从个人修养的角度来看，礼仪是一个人内在修养和素质的外在表现。不难想象，一个行止如仪、规矩得体的人，一般情况下应该是具有较高教养和修养的人。我们说一个人风度好、气质佳，首先注意到的，其实是这个人外在表现出来的"礼"。这种礼的意识是从人的内心深处自然而然流露出来的，是圆融、和谐、自在的美。

从交际的角度来看，礼仪是人际交往中适用的一种艺术、一种交际方式或交际方法，是人际交往中约定俗成的示以尊重、友好的习惯做法。

从传播的角度来看，礼仪是在人际交往中进行相互沟通的技巧。千百年流传下来的礼仪具有深厚的文化内涵，体现着一个民族的文化传统、处世方式、生活态度、人生理想、做人准则，以及思维模式和深层心理结构。一个民族的传统礼仪体现着这个民族的民族性格。所以礼仪并不单纯是外在的仪式和僵化的规矩。

我国素以"文明古国""礼仪之邦"著称，礼仪文化源远流长。随着改革开放的深入发展和国际交流的增加，礼仪更是成为现代人社会生活和工作中不可或缺的内容。

二、礼仪的基本原则

礼仪既然是人们在社会交往活动中应共同遵守的行为规范和准则，那么学习礼仪应该遵守哪些原则呢？

（一）尊敬原则

孔子说："礼者，敬人也。"在人际交往中互相尊敬最为重要，尊敬是礼仪的情感基础，只有彼此互相尊敬才能保持和谐的人际关系。所以尊敬是礼仪的核心与重心。每个人在人际交往中都处于平等地位，不论种族、国籍、肤色、社会地位如何，只有尊重别人才能赢得别人的尊重，"敬人者人恒敬之，爱人者人恒爱之"。

（二）自律原则

礼仪是人们在人际交往中约定俗成的律己敬人的行为规范，提倡"严于律己，宽以待人"。礼仪就像一面镜子，要求自我约束、自我控制、自我对照、自我反省。对照礼仪这面"镜子"，可以发现自己形象的"美"与"丑"，从而自我约束，树立良好的形象，成为一个受欢迎的人。

（三）宽容原则

在礼仪交往中，宽容表现为允许别人有行动与见解自由，这是对他人选择的一种尊重。在现实生活中，每个人的背景、文化阅历、是非判断的标准都不同，对很多问题的看法也就不一样。因此，在人际交往中，对与自己看法不同的见解要多容忍、多体谅、多理解，不要求全责备，斤斤计较。

（四）适度原则

战国时期的宋玉曾在《登徒子好色赋》里谈到女子的美，东家之子"增之一分则太长，减之一分则太短；著粉则太白，施朱则太赤"，他认为东家之子的美恰到好处，是最理想不过的。这种适度美的思想，也同样适用于交际礼仪中。适度的原则，就是在应用礼仪时，必须注意技巧，合乎规范，特别要注意把握分寸尺度。凡事过犹不及，在人际交往中，该行则行，该止则止，适度为佳。

（五）从俗原则

俗话说："百里不同风，千里不同俗。"《礼记·曲礼》说："入境而问禁，入国而问俗，入门而问讳。"因此，在人际交往中要入乡随俗，与绝大多数人的习惯做法保持一致。只有尊重对方的习俗，才能增进双方的理解和沟通，才能更好地表达我们的真诚和善意，才能有助于彼此交往顺畅。

（六）真诚原则

真诚就是在交际过程中做到诚实守信，不虚伪、不做作。交际活动作为人与人之间信息传递、情感交流、思想沟通的过程，如果缺乏真诚则不可能达到目的，更无法保证交际效果。因此在运用礼仪时，务必诚信无欺、言行一致、表里如一。

三、礼仪的作用

良好的礼仪修养，能展现新时代好青年的精神面貌，正如党的二十大报告中指出的，"让青春在全面建设社会主义现代化国家的火热实践中绽放绚丽之花"。礼仪作为一个社会、一个民族的道德规范的外化，它的作用是多方面的。首先，礼仪的一个特别明显的、能为人们所"看得见""感觉得到"的作用，便是它对人的行为的规范，这个作用使人们在社会生活中能够体面地与人交往，同时也能够让交往对象感受到自己的体面。其次，礼仪也对社会个体具有重要的教育作用，使人们在共同遵守彼此认可的礼仪中，由一种外在的遵循，转化为内在的自觉。最后，它可以使社会和家庭更具凝聚力，社会和家庭的氛围更加和谐，人与人之间的交往更趋于理性和"双赢"，从而促进整个社会的和谐发展。具体来说，礼仪的作用主要体现在以下几个方面。

（一）表达尊重

尊重的意义即向对方表示尊敬、敬意，同时对方也还之以礼。礼尚往来，有礼仪的交往行为，蕴含着对彼此的尊重。

（二）约束自我

礼仪作为行为规范，对人们的社会行为具有很强的约束作用。礼仪一经形成和推行，久而久之，便成为社会习俗和行为规范。任何一个生活在某种礼仪习俗和规范环境中的人，都自觉或不自觉地受到该礼仪的约束，自觉接受礼仪约束的人是成熟的人，不接受礼仪约束的人，就会被社会以道德和舆论的手段来加以约束，甚至以法律的手段来加以强制规范。

（三）施行教化

礼仪是社会文化的重要组成部分，它对全社会的每个人都会产生约束力，具有强烈的教化作用。《礼记·经解》中说"故礼之教化也微，其止邪也于未形，使人日徙善远罪而不自知也"，意思是礼仪虽然轻如细雨，却能止住那些看起来强大的歪风邪气，让人自然地趋向善良，远离罪恶。可见，在社会进步中，礼仪的教化作用具有极为重大的意义。

（四）调节关系

礼仪具有调节人际关系的作用。一方面，礼仪作为一种文化传统，作为一种规范、程序，对人际关系起着规范、约束和及时调整的作用；另一方面，某些礼仪形式、礼仪活动可以化解矛盾、建立新的关系模式。可见，礼仪在处理人际关系并发展健康良好的人际关系中具有重要作用。

四、学习礼仪的要求

礼仪的学习是一个长期的过程，需要我们随时随地注意自身的言行，用学得的礼仪来规范自身，具体要求如下。

（一）用心学

礼仪的学习具有特殊性，即对它的学习主要是通过日常生活来实现的。所以在学习时需要观察、体验、参与，而且要反复练习，这样才能使这种知识内化为自己内心深处的一种自然的诉求。

（二）诚心用

"礼之用，和为贵"，礼仪的最终目的是促成人际和谐。在处理人际关系中难免会出现一些不和谐，这些不和谐如果不能及时得到有效的解决，往往会愈积愈重，甚至发展到不可调和的地步。而礼仪的作用就是促进人与人之间的沟通和了解，这体现了对他人的尊重与理解。因此在体现这种尊重与理解时一定要从内心出发，真诚沟通，最终建立起新的、健康良好的人际关系。

（三）践行礼

我们认真地学习"礼"是为了在现实生活中切实地践行"礼"。孔子说："不学礼，无以立。"又说："兴于诗，立于礼，成于乐。""礼"是一个人在社会上立足的根本。一个人切实地、不折不扣地践行"礼"，就可以始终与"理"站在一边。有理，才能有力，也才能有节，做事、待人、接物，才能圆融灵动、进退自如，才不致出现大的无可挽回的偏差和漏洞。因此，我们要时时处处以"礼"待人，而不能仅仅停留在对"礼"表面的学习上。

模块一

成功入职

我被职场撞了一下腰
——职场面对面

情景导入

孙瑛和董腾健都是××职业技术学院的应届毕业生,即将步入职场。当他们怀揣个人简历,满腔激情地奔赴理想中的职场时,他们才发现了解职场的渠道仅限于各类媒体报道、各种招聘广告及职场题材的电视剧。

面对几百万毕业生同时走向社会、奔赴职场的"史上最难就业季",小孙和小董该有一个怎样的准备呢?

项 目 设 定 与 分 析

职场面对面

小孙与小董在毕业前夕,在与学校老师、已经毕业的学长、资深人力资源管理师等不同岗位、不同职业的职场人士进行多方交谈后发现,职场生活是一个与学校生活截然不同的世界,要想成功地由"准职业人"向"职业人"转换,提前认识职场、掌握职场礼仪是重要的一步。

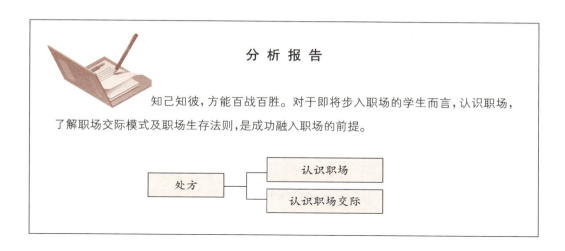

分 析 报 告

知己知彼,方能百战百胜。对于即将步入职场的学生而言,认识职场,了解职场交际模式及职场生存法则,是成功融入职场的前提。

处方 ─┬─ 认识职场
     └─ 认识职场交际

项 目 实 施

任务1:认识职场

一、职场的概念

职场有狭义与广义之分。狭义的职场是指工作的场所;广义的职场是指与工作相关的环境、场所、人和事,还包括与工作、职业相关的社会活动、人际关系等。

在职场中要注意提升职场政治能力和个人能力两个方面的能力。职场政治能力表现为判断自身所处环境的能力以及创造有利于自我发展的环境的能力,具体说就是判断自身所处环境的优劣,与同事、上级关系的构建等能力。个人能力表现为时间掌控能力,知识水平、现场问题解决能力等。

对于职场新人而言,想要建立良好的职场关系,不妨从以下几个方面着手。

(一)角色定位

不同的角色有不同的职责,这决定了你不同的立场和处事方式。

(二)相互尊重

要想赢得别人的尊重,首先要学会尊重别人,包括尊重对方的隐私和劳动成果等。

(三)遵守规则

任何活动都有规则,职场活动也不例外。

(四)大局观念

与同事发生矛盾时,要站在大局的角度考虑问题,学会忍耐和包容。

(五)保持距离

与领导、同事和客户都要保持适当距离,不搞小团体。

二、职场的构成要素

每一个工作区域都是一个"场"，每个"场"都会有它的组成要素。一般说来，"职场"的组成要素有以下几个方面。

（一）自我

作为职场新人，必须对自我有一个准确的定位，并学会对自我进行职业化管理（如职业形象塑造、职业生涯规划）。

（二）工作任务

对于刚入职的新人而言，工作任务是展现自身工作能力的主要载体。面对工作任务，必须思考和判断：怎么做、什么时间做等。

（三）工作伙伴

工作伙伴包括你的上司和同事。与他们保持良好的人际关系是顺利开展工作的前提。记住：尊重是最重要的。

（四）物理环境

物理环境包括你的工作场所、周边环境等。保持良好、整洁的工作环境是很必要的。

（五）企业文化

企业文化是由价值观、信念、仪式、符号、处事方式等组成的组织特有的文化形象。在具体的组织中，它往往以组织中人的文化观念、价值观念、道德规范、行为准则、企业制度、企业产品等形式展现。作为职场新人，要学着理解、欣赏、接纳并融入该企业的文化。

（六）资源或工具

包括有形和无形，如学识、客户、人脉。

（七）竞争对手

包括你的同行以及人才市场中的竞争者。

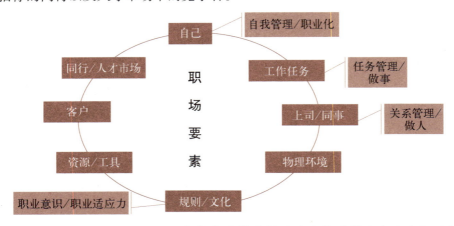

——本部分资料参阅了北京物资学院李玲老师的相关课程

温馨小提示

　　作为职场新人,你需要判断:该做什么、怎么做、是否有时间做。依次要培养的四个能力是:时间管理能力、问题分析能力、判断能力、执行能力。

任务2:认识职场交际

一、职场交际概说

　　交际即社会交往,是指在社会中,两人或两人以上进行交流的过程。有效的交际可使双方更好地相互了解,在交流过程中产生共鸣,并相互认可、相互支持。但要获得良好的交际效果,必须遵循社会交往活动的基本原则,懂得选择和运用适当的交往方式。

　　与一般的社会交际相比,职场交际具有以下两个特点。

　　(一)职场交际中并不十分强调性别之分

　　工作场所更强调男女平等。因此,在社会交际中的“女士优先”原则,有时并不适用于职场交际。职场中,为女性让座、为女性开门等这样的“绅士风度”有时不是必要的,甚至有可能冒犯对方。

　　(二)明确职位高低是职场交际的指导原则

　　在职场交际中应更多关注职位的高低。在职场交际的开展中,必须以此为基本的指导原则。比如,介绍礼仪中,职位高的拥有优先知情权,即介绍时的正确做法是将级别低的人先介绍给级别高的人。

　　二、职场交际的基本原则

　　在职场社交场合中,想要熟练运用社交礼仪,发挥礼仪应有的效应,使人际关系达到状态,以取得更大的成功,就要遵守职场交际原则。

　　(一)真诚尊重的原则

　　职场中,在与同事和上司交往时,真诚尊重是交际的首要原则。只有真诚待人,才能做到尊重他人;只有做到尊重他人,方能创造和谐愉快的人际关系。真诚和尊重是相辅相成的。真诚是对人对事的一种实事求是的态度,是真心实意待人的友善表现。

　　(二)平等适度的原则

　　在职场社交上,礼仪行为总是相互的,你给对方施礼,对方自然也会相应地还礼于你,因此职场社交必须讲究平等的原则。平等是人与人交往时建立情感的基础,是保持良好的同事关系的诀窍。

（三）自信自律的原则

自信的原则是职场交往中一个重要的原则，唯有对自己充满信心，才能在工作中如鱼得水，得心应手。一个自信的人，往往在交往中不卑不亢、落落大方，遇到强者不自惭，遇到艰难不气馁，遇到侮辱敢于挺身反击，遇到弱者会伸出援助之手。

自律原则就是要求我们在职场中做到自我要求、自我约束、自我控制、自我对照、自我反省，同时更提倡"严于律己，宽以待人"。明确自身的身份和地位，做到尊卑有序，保证职场任务的有序完成。

（四）守信宽容的原则

守信是中华民族的传统美德。在职场交往中，没有十分把握就不要轻易许诺，否则容易失信于人而使自身及公司的信誉扫地。另外，职场中尤其讲究守时和守约。

拓展阅读

职场交际法则

美国社会活动家、宾夕法尼亚州立大学教授简·耶格尔通过对人际关系近20年的研究、咨询和观察，总结出了以下职场交际法则。

（1）发展伙伴关系是一个持续的过程。世上没有一劳永逸的事情，唯有坚持不懈地用心经营，才能在工作和生活中拥有融洽和谐的人际关系。

（2）结交朋友时，既不要高攀也不要低就，选择与自己水平相当的人做朋友，是最合适和最容易的。

（3）当朋友成了同事时，在开始共事之前，你们最好设想一下你们的友谊可能会引发哪些工作上的冲突，并思考解决这些冲突的办法。

（4）与同性同事做朋友，要比与异性同事做朋友容易得多。如果你与某位异性同事是好朋友，那么，你应该有意识地避开那些煽风点火的流言蜚语，并谨慎安排你们在一起的时间和地点。同时，千万不要说对方伴侣的坏话，并为对方告诉过你的隐私守口如瓶。

（5）如果你拥有强大的人际关系网，那么，在结识某个新朋友之前，它就能为你提供关于此人的一些信息，而这些信息对你来说是非常有益的。

（6）走进一个里边有许多陌生人的房间后，迅速而准确地与他们建立起联系是非常重要的。这样你就可以使业务展示或会议变成积极的商业交流。与一个非常信任你的能力，甚至可以为你推荐新工作的朋友保持一种长久的伙伴关系也是非常重要的。从长远来看，以上两点对于你的事业发展都是很关键的。

（7）在建立伙伴关系时，不要吝惜自己的时间。观察，倾听，尽可能正确地弄清朋友能帮你做些什么。不要背叛，如果判断失误，你也许会为此付出失去工作、生活无着落的巨大代价。

（8）请把你的伙伴关系从发生地移向别处。比如，你应该把在办公室里建立起的友谊、在行业协会每月例会上发展出的友谊，一步步地转变成经过检验而靠得住的真正的友谊。

（9）如果你认为将工作与友谊截然分开最适合自己，那就顺其自然吧。

（10）不要高攀高官和名人以抬高自己的身价，或者明目张胆地利用工作中的朋友关系谋求提拔。如果有同事主动帮助你，你也应该三思是否接受他们的帮助。

（11）如果你过于害羞，你应该想办法克服这个缺点。对于大多数行业的从业者来说，害羞会使你很难与同事成为朋友，从而大大地影响你的晋升机会，甚至还会减少工作带给人的愉悦感和成就感。

（12）通常情况下，男人和女人对友谊的定义会有所不同，而他们彼此交流和分享感受的方式也不一样，这些区别都会体现在工作之中。主动与别人接近是否合适，取决于人们对于"接近"的理解，以及接近的目的是个人的工作发展，还是增进彼此的同事情谊。

（13）真诚坦率地对待工作，不等于必须将自己的那些不愿意为人所知的感受与想法，统统告诉同事们。

（14）如果你在办公室里只有一个朋友，当其与你的伙伴关系因为工作变更而忽然中断时，这对你的冲击无异于一段私人友谊的结束。这时，你应该主动与之保持联系，同时，你还应该去努力发展一份新的伙伴关系。

（15）工作伙伴常常会变成密友，甚至至交。不过，即使你们的伙伴关系并未得到升华，它依旧对你的事业和个人发展很有价值，且很关键。

（16）尽管适度的电子邮件和电话往来是有必要的，然而，它们并不能完全取代互访和朋友聚会。只有不到10%的交流是可以书面传达的，余下的90%要靠口头和肢体语言来完成。当你与好友聚会时，应该做到像上班一样尽量早到，并有意识地把握聚会的时间，使之成为一次令双方感到安全、惬意和愉快的聚会。

（17）当你面对一份收入可观而竞争者又与你实力相当的新工作时，想要获得这份工作，"你认识的人"和"你可能认识的人"要比"你所知道的事情"重要得多。

（18）保持一份伙伴关系是既花时间又费精力的事情。休假的时候仍不忘联系工作伙伴，可谓迈出了良好社交的第一步，而你需要做的远不止这些。你应该经常与工作伙伴们聊天,使他们随时了解到你的最新情况;你还应该时刻关注他们的生活发生了哪些变化。

(19)在人生的各个阶段,拥有伙伴关系都是一件令人愉快又富有意义的事情。引用我的一位工作伙伴的话,无论友谊发生在同学之间、同事之间、老板与员工之间、家庭妇女之间还是退休人员之间,它都使我们自身获得了肯定。

(20)你不一定要喜欢自己的老板或员工,你只需要与他们保持互相信任和尊重即可。而如果你的老板同时也是你的良师益友或支持者,那么,这将会大大地促进你的事业发展。

(21)当某个同事凭借能力所做的一些工作,使你受到了批评和排挤,请记住,这就是工作,把你的个人感情排除到工作之外吧。

(22)只要有可能你就应该努力地改变自己不友好的态度,尤其是当有人能为你和你的事业提供帮助时。如果你一直不友好,你就有可能受到伤害或被人忽视。如果你无法变得友好,也不要自责,就继续做自己吧。

(23)即使退休之后,你仍有机会通过加入志愿者的行列或参加顾问委员会去结交新的工作伙伴。此外你还可以通过正式与非正式的聚会,与原来的老同事保持联系。

(24)你应该意识到,文化的差异会对伙伴关系产生一定的影响。你应该了解不同国家的人对友谊的不同看法,并花点时间研究一下,它们到底有哪些相似之处,又有哪些区别。

(25)工作任务可以委托别人去做,人际关系只能由自己经营。

(26)伙伴关系既与情绪和感受有关,也与逻辑和智慧有关。你可以努力"去做恰当的事",或者,以比较受欢迎的方式为人处世。但是,你不能去强迫别人喜欢你。如果某人暗示他不想与你建立伙伴关系,你应该尊重他的选择。

(27)面对每一种关系和每一份工作,你必须对友谊优先还是工作优先做出决定。

(28)以下是一些非常有效的"倾听(LISTEN)"方式,希望它们对于你处理工作关系能有所帮助。

L (look)——当你的工作伙伴对你说话时,你应该看着对方的眼睛。

I (indicate)——用点头表示你在认真地听对方说话,用微笑或其他手势表示你同意对方的观点。

S (show)——通过重复朋友刚才所说的话,或就自己刚才听到的信息提出一些问题,来表示自己对朋友的故事或观点很感兴趣。

T (take)——花点时间倾听你的工作伙伴的事。

E (empathize)——领会工作伙伴话语间的深意,不要妄加批评和指责。

N (never)——在朋友没有将一句话说完,或尚未表达清楚自己的想法与观点时,一定不要打断对方。

(29) 交友礼节。

◆ 及时回复所有的电子邮件、未接来电、信件和请求。

◆ 尽量参加向你发出邀请的活动,如研讨会、产品发布会、聚会,如果确实因故不能参加,要以合理的理由婉拒。

◆ 对信函上"请回复""请函复"的要求,做出明确的"是"或"不是"的回答。

◆ 受邀于个人举行的某些仪式时,如果你不愿意接受邀请或参加仪式,应该为自己的回绝给出一个可信的理由。如果有可能,最好送去一份象征性的礼物表示祝贺。

◆ 做一个有利于同事和工作的人,这样大家都会愿意与这样的你相识、合作或为你效劳,并且帮助你取得事业上的成功。

——资料来源:《谁坐了我的位子》,[美]简·耶格尔,当代中国出版社2004年版,有删减

三、职场交际的四种类型

心理学研究表明,职场交际的表现受以下两个因素的影响较大:一是对他人的信任程度,二是自信程度。依此可以分出职场交际中四种不同类型的人。不同类型的人处理社交关系、提升社交技能的切入点是完全不同的。

（一）有他信但无自信

这类人容易与人产生过度的亲密关系,在办公室中会寻求人的关注,担忧受到他人的批评或遭受到拒绝,容易因犹疑社交对象对自己的看法而丧失沟通良机。

解决方案:

◆ 从训练语音和仪态开始,大方并清晰地与人进行言语交流。

◆ 多倾听别人口中对自己的客观评价,列出自身的优势,多肯定自己。

◆ 更加开放地去表达自己,说出自己的疑惑与不解,从沟通交流中寻找事物的正确处理方式。

（二）有他信也有自信

这类人容易建立良好的职场社交关系,更容易接纳无论是从书籍还是社交课程中学到的信息。这类人一旦找到了职场中的归属感,并积极学习、努力发展,一定能成为职场中的社交高手。

解决方案：

◆ 处理好与领导、同事的关系。

◆ 培养自身的学习和工作能力，提升内涵与实力。

（三）无他信但有自信

这类人容易在办公室中显现得比较偏执，易产生与人不一致的想法。这类人在与合作伙伴或者是与同事交往中，容易因沟通不好引发与客户的冲突或与同事的矛盾。

解决方案：

◆ 切忌在应该保持沉默的时候打断别人说话。

◆ 切忌经常以不悦、不耐烦并且对立的语气说话。

◆ 多用"您"而少用"我"，增强沟通的亲近度和接纳度。

不管是哪一类型的人，在职场交际中，学会倾听、善于发现、充分信任，都是在职场中赢得尊敬和成功的不二法门。

（四）无他信也无自信

这类人既怀疑他人又缺乏自信，在办公室中害怕亲密关系，会刻意躲避与同事相处，采取回避的态度来应对工作和同事的关系。

解决方案：

◆ 修炼内心，突破自我，学会转换视角看问题。

◆ 弘扬正能量，正向看待人与事。

◆ 在交往中多与同事和上下级进行主动沟通，多找一些与同事共同感兴趣的话题进行分享。

◆ 学会正确判断事物，倾听多方意见，思考自己对某事物是否存在偏见，如果有，则要加以改变。

项 目 实 训

1. 你怎么看待案例中三位职场新人的行为？

案 例 一

李晓燕，24岁，毕业于北京外国语大学，现在某出入境管理公司做业务科长。

表现：工作不称心就放弃。

抱着"毕业于名牌大学，工作自然不能太寒碜"的原则，李晓燕2019年从学校毕业，在经历多次面试之后，很幸运地进入一家国内颇有名气的旅行社工作。因为她学的是韩语，所以很自然地被分配做韩国游导游。按照惯例，新员工必须参加3个月的岗前培训，之后考取导游资格证书才能带团。

不巧的是,她刚刚结束了培训,就赶上旅行社内部人员调整,李晓燕因为是新人,在没有任何准备的情况下,变成了办公室文员。本来想着可以有机会出国走走,现在只能坐在办公室里翻译资料。李晓燕心有不甘,6个月后提出了辞职。记得辞职时,办公室主任看着她递过来的辞职信,说出一句至今让她觉得好笑的话,"我们单位业务很稳定,待遇也不错,你走了会后悔的"。李晓燕并没有因为主任的话改变决定,而是毅然放弃了自己人生中的第一份工作,重新踏上了择业之路。

案 例 二

王刚,26岁,毕业于某职业技术学院,3年内跳槽5次。

表现:不满意就跳、跳、跳。

与大多数成绩优异的学生一样,王刚由于在实习单位表现突出,还没拿到毕业证书就已获得了一份令同学们羡慕的工作。报到时,公司的人事经理将他安排到销售部,希望他先熟悉公司的业务流程。原以为月薪能超过5 000元,可以在同学面前炫耀一番,哪知公司规定销售部门的新员工在培训期间底薪只有3 800元。成绩如此优秀的学生月薪只有3 800元,多丢人呀!就这样王刚辞职了,第一份工作只做了1个月。

接下来,在经历数次面试之后,王刚被一家外企软件公司录用,做一名助理工程师。由于工作枯燥乏味,天性活泼好动的他不能忍受办公室里的工作氛围,3个月后再次跳槽。再之后,王刚是换了一家又一家,直到去年终于找到了自己理想中的工作,由于环境、待遇等条件不错,才决定暂时安定下来。

案 例 三

张力伟,26岁,毕业于同济大学,现任某公司区域经理。

表现:从基层做起又何妨。

3年前,张力伟研究生毕业后直接进入一家外企成为一名储备干部,当时他的第一份工作是坐在办公室里接接电话、处理文件,根本不是他想象中的工作。虽然他也是名校毕业,但是由于从小在山区长大,知道幸福生活来之不易,所以他一直坚持着自己的职业原则:珍惜现在拥有的,为明天积累经验。

从上班第一天起,他就耐心地做着分内的事,毫无怨言,面试他的主管觉得自己没有选错人,对他的评价很好。6个月后,张力伟被派往总部接受培训。如今,他已经是一位区域经理了,负责产品的开发、销售。"吃苦有什么不好,反而能学到比别人更多的知识,有时候磨炼也是一种福气,让我更珍惜这份工作。"他很庆幸自己有机会进入这家企业。他从基层磨炼起,加上自己的勤快和用心,学到很多东西,直到取得今天这样的成绩。

2. 请观看几档有关职场的电视节目,如《令人心动的offer》《你好!面试官》《非你莫属》,并谈谈感想。

我用真情换你心
——敲开职场大门

情景导入

孙瑛，女，1998年6月出生于浙江省杭州市，于2023年6月毕业于××职业技术学院文秘专业。

求职意向：办公室文员、客服。

董腾健，男，1998年3月出生于浙江省宁波市，于2023年6月毕业于××职业技术学院市场营销专业。

求职意向：营销员。

面对当前人才流动越来越频繁、求职竞争越来越激烈的职场现状,怎样找到一份称心如意的工作,已越来越成为困扰求职者的问题。作为高职生的小孙、小董,在面试过程中,应该怎样恰当地突出自身的优势,展示良好的素质和修养呢?

成功求职

小孙经过多方面考察和比较,决定应聘明星集团的客服岗位;小董则将目光锁定在了浙江商贸公司。为了求职成功,他们决定加强求职礼仪的学习。

分 析 报 告

在求职过程中,用人单位除了考察你是否具备专业知识和发展潜力,还要观察你在别人面前的言行举止,也就是你是否有修养、有魅力。认真细心地做好每一件小事,是成就任何事业都必须具备的素质。这不仅是一个职业发展的问题,而且也是一个品质和作风问题,是一个如何做人的问题。

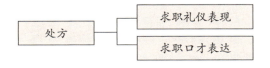

任务1:求职礼仪表现

一、仪表

仪表指人的外表,包括人的容貌、姿态、服饰和个人卫生等方面,是人精神面貌的体现。仪表在人际交往的最初阶段,往往是最能引起对方注意的。人们常说的"第一印象",多半就是来自一个人的仪表。在面试之前,应该用5分钟时间对自己的仪表进行检查。保持良好的仪表,可以使自己心情轻松、充满信心,也可以使他人感到舒畅。

男性求职者的仪表要求：

（1）短发，清洁、整齐，不要太新潮。

（2）精神饱满，面带微笑。

（3）面部干净，口气清新。

（4）指甲短并保持清洁。

（5）领带紧贴领口，系得美观大方。

（6）西装平整、清洁；西裤平整，有裤线。

（7）西装口袋不放物品。

（8）白色或单色衬衫，领口、袖口无污迹。

（9）皮鞋光亮，深色袜子。

（10）全身服饰颜色在三种以内，不要过于花哨。

女性求职者的仪表要求：

（1）发型文雅、庄重，梳理整齐，长发不应披散，用发夹夹好或束辫，不染鲜艳的颜色。

（2）化淡妆，面带微笑；如果抹香水，应用清新、淡雅的香型。

（3）口腔清洁，无食品残留物。

（4）指甲不宜过长，并保持清洁。若涂指甲油，须自然色。

（5）穿正规套装，大方、得体；若穿裙子，长度以及膝为宜。

（6）肤色丝袜，无破洞。

（7）鞋子光亮、清洁。

（8）一般全身服饰的颜色在三种以内。

温馨小提示

当然，上述要求针对一般情况，你也可以根据求职岗位作适当调整。但男、女生都不宜在面试时穿T恤、牛仔裤、运动鞋。女生不能打扮得过于花枝招展、性感暴露。

二、面试过程中的礼仪

求职者在面试过程中也要把握礼仪上的分寸,做到善始善终。

（一）提前到达

为表示诚实守信,一般应提前5～10分钟到达指定场所。在等待的时间里,你可以熟悉环境,调整自己的心态,并做一些简单的仪表准备。

（二）耐心等候

请在指定的等候区安静等待,切忌东张西望。

（三）从容进入

进入面试房间时不要紧张。不论门是开是关,都应先轻轻敲门,得到允许后才能进入,切忌冒失入内。入室时应整个身体一同进去,入室后,背对招聘者将门关上,然后缓慢转身面对招聘者,以从容、自然为好。

（四）自我介绍

简洁、清晰、充满自信地将简历中的重点内容稍加说明,如姓名、毕业学校、专业、特长。态度要自然、亲切、随和,语速要不快不慢,目光正视对方。

您好!我是孙瑛,2023年6月毕业于××职业技术学院文秘专业。我个性开朗,喜欢唱歌和绘画,曾代表学校参加省首届秘书职业技能大赛并荣获一等奖。

（五）从容对答

面试是一个双向互动的过程，也是展示求职者良好心理素质的舞台。在面试过程中，当对方请你介绍情况时，要平视对方、认真聆听并从容对答。为了表示你已听懂并感兴趣，可以在适当的时候点头，对自己不明确的问题可适当提问。

（六）学会倾听

在面试过程中，主动地交谈并传递出主考官需要的信息，有利于展示你的能力和风采。而"聆听"也是一种很重要的礼节。不会听，也就无法回答好主考官的问题。好的交谈是建立在"聆听"基础上的。

三、面试过程中的身体语言

面试中的身体语言包括表情语、目光语、身姿语等。在面试过程中应举止大方，避免做各类小动作，如抖腿、摸头发、揪耳朵。

（一）表情语

保持自然、随和的微笑。

（二）目光语

目光要大方、友好，直视对方，不要左顾右盼，也不要目中无人或低眉垂目。

（三）身姿语

男士、女士由于性别不同，在面试中对站姿、坐姿的要求也会有所差别。

面试中男士站姿示例：

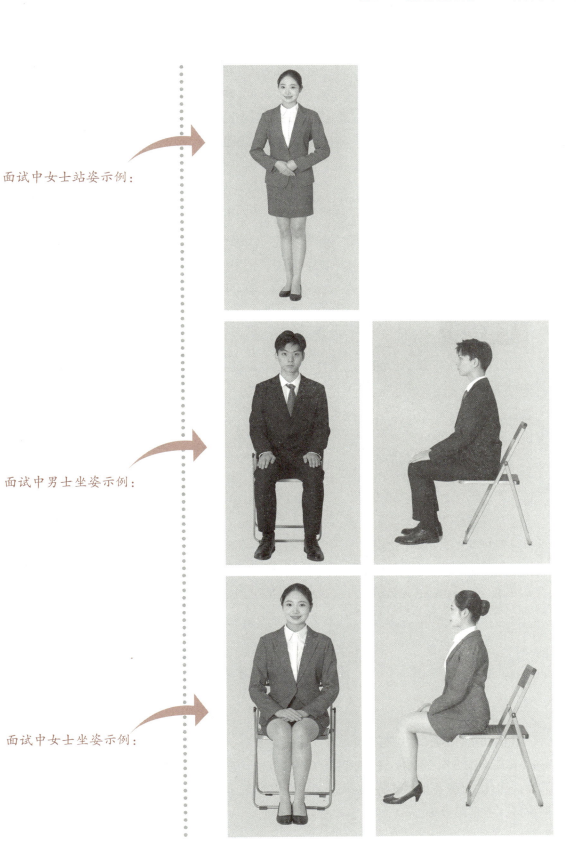

面试中女士站姿示例：

面试中男士坐姿示例：

面试中女士坐姿示例：

（四）告别语

面试完毕后，起身鞠躬，说声："谢谢，再见！"并将椅子放回原位，倒退两步之后转身离开，轻轻将门顺手关上。

课堂互动

请根据你求职岗位的特点及自身的特点设计一份求职方案，并设想自己正在实施本方案。

我的求职宝典

（1）我的专业，心仪岗位，岗位要求。

（2）我的特点（体貌、个性等）。

（3）面试前，我会这样准备（仪表、穿着等）。

（4）面试中，我会这样表现。

我相信，我在求职中将会按照宝典所列要求表现；我确信，我一定可以取得成功！

任务2：求职口才表达

一、自我介绍

我们知道，在面试中，自我介绍不只是介绍自己，更是保证面试顺利进行的基石。答得好，"妥妥地加分"；答得不好，就是给自己"挖坑"。面试官会接着你的自我介绍，抛出许多问题。因此，应聘者在面试前，必须做好充分的准备，坦诚又具有针对性地完成自我介绍，从而赢得主考官的青睐。

（一）自我介绍的内容

一份合格的自我介绍应包含以下内容：

（1）基本信息。包括姓名、年龄、籍贯、学历、专业信息、重要工作经历等。介绍时可根据职位要求进行有针对性地选择，表达力求简明扼要、抓住要点。

（2）专业背景。拥有扎实的专业知识会让考官觉得你踏实、可靠。介绍专业知识可以从学习、工作中取得的成绩着手，如获得过什么荣誉、有哪些专业技能证书。

（3）工作能力。建议结合自己的生活经历和工作背景展开介绍。应届生，可以谈谈在学校参加的活动，包括社会实践、岗前实习；有工作经验的人则重点介绍过往的工作经历。

（4）爱好、特长。本部分主要反映个人的兴趣爱好、心理健康水平等，可以起到锦上添花的作用。但介绍时一定要简单而精练，如果没有特别的特长，可以不说。

（5）优缺点。谈优缺点就是谈对自我的认知。因此，在表达时，一定要真诚。

（6）总结。简单表明自己的工作态度，再谈谈对未来的设想，结尾处可适当地表一下决心。

面试前可以提前准备好1至5分钟的介绍稿，以便根据招聘单位的要求随时调整。

1分钟的介绍，以基本情况为主，包括姓名、学历、专业、家庭状况等，注意表述清晰。

3分钟的介绍，除了基本情况之外，还可加上工作动机、主要优缺点等。

5分钟的介绍，还可以谈谈自己的人生观，说些生活趣事，举例说明自己的优点等。

敲 黑 板

自我介绍中要重点涉及对面试公司的了解及热爱、过往重点工作经历（匹配求职意向的内容）、简单的未来规划等。

（二）自我介绍的技巧

（1）围绕中心。

中心：应聘求职的岗位。

介绍内容：姓名、年龄、籍贯、学历、学业情况、爱好、工作能力、性格、工作经验等。

注意：与面试无关的内容，即使是你引以为荣的优点或长处，也要忍痛舍弃，以突出重点。

（2）"投其所好"。

重点突出"我的价值所在"，并使自己的"价值"与岗位要求紧密挂钩，突出自己的优点、技能、已有成就、专业知识、学术背景等。尽量说清楚自己能为公司做出的贡献。

（3）铺排次序。

次序：

① 基本情况。

② 最希望考官记住的内容。

③ 提供一些能证明自己能力的作品。

注意：

叙述清晰；多用短句；段与段之间使用过渡句子。

（4）善用事例。

一般不宜使用"很""第一""最"等表示极端的词来赞美自己。最好用朴素诚实的语言来介绍自己，用真实的事例来显示你的才华，以一两个例子来形象地、明晰地说明自己的经验与能力。

例如，与其说"大学期间我的学习成绩相当好"，不如说"大学期间我曾三次荣获一等奖学金"，这样，更能让对方认同你的学习能力。

案 例 赏 析

面试官：你在读大学时有没有参加过勤工助学？

求职者：有。在读大学时，我在课余期间参加过不少勤工助学活动，例如，在××广告公司做兼职员工，当家庭教师，其中，做家教的时间最长。我学的专业是美术，我辅导了五个中学生，他们都考上了心仪的艺术院校。另外在广告公司做兼职，也巩固了我的专业知识。我通过勤工助学，不仅减轻了家庭的经济负担，更重要的是坚定了专业志向，积累了不少工作经验。

（5）保持自信。

自我介绍，可以让面试官观察到简历等书面材料以外的内容，例如，你对自己的描述与语言概括能力，你对自己的综合评价以及你的精神风貌。你必须明确地告诉面试官你具有应聘这个职位必需的能力与素质。

温馨小提示

自信可不等于自负哦！

（三）自我介绍的MTV模式

自我介绍的MTV模式来源于曾为某世界500强企业职业经理人的弗兰克的《爆款写作课：打造爆文的3个黄金法则》一书，M指me（我），T指thing（成就事件），V指value（价值）。

我：主要介绍自己的基本信息，建立与他人的联系。基本信息的介绍要有针对性，重点围绕求职岗位的要求展开。

成就事件：重点说清工作是什么，成就有哪些。比如，你在过去的人生经历中完成过什么任务，经历过哪些工作，重点取得了哪些成绩，突出的成就是什么。

价值：我的能力能够给他人提供怎样的价值和利益，是否能够帮助别人。

对于职场新人而言，很多同学并没有特别显著的成就。因此，此处应重点凸显你的潜力，也就是告诉别人，我在未来可能会给公司创造什么价值。下面这则演讲稿，是演讲培训师胡晨溪的自我介绍：

大家好，我是胡小明，不知道大家有没有在舞台上给别人介绍自己的经历？你会紧张到说不出来话吗？

我是一名演讲口才讲师，国家语文报刊协会认证的青少年演讲与口才测评师、培训师。从业6年期间，我曾帮助过2 000多人克服了在演讲中出现的紧张感，帮助他们从不敢上舞台到热爱舞台，再到在舞台上轻松地表达所思所想，并结合外在形象及肢体语言更好地展现自我。

我的学员运用我的方法进行演讲，最快的只用6个小时就从惧怕舞台转变为能站上百人舞台进行演讲。

如果你也想轻松站上舞台，我可以帮到你。

（四）自我介绍的FABE法则

FABE法则最早是销售员们必须掌握的基本销售法则，即通过"FABE"4个关键环节，巧妙地处理顾客关心的问题，从而顺利地实现产品的销售。F（features）指特点，A（advantages）指优势，B（benefits）指利益，E（evidences）指证明。

FABE法则也可以运用到面试时的自我介绍中。在面试时，我们可以将自己看成一件商品，F代表我的特征、特质是什么；A代表我的优势、长处是什么；B代表我能给公司带来的利益有哪些；E则是用具体实例佐证以上观点。比如，你应聘产品运营经理，你就可以这样表述：我是一个对数据、对新鲜事物保持好奇心的人（F），基于我在××公司的运营经验，我的优势集中在（A），我可以帮助企业搭建产品运营体系（B），2023年，我运营的××项目取得了圆满成功（E）。

接下来一起欣赏一则口才培训教练向登付用FABE法则完成的自我介绍：

亲爱的伙伴们，大家好！我是向登付，来自恩施土家族苗族自治州。没错，你看我的穿着就知道了，我是土家族。

我这个人没有什么特点，最大的特点就是比较"傻"，有时候还有点"二"，经常干一些大家都不太理解的事，比如说，教你打造个人品牌、"深度IP"，我一直做在线培训，还不收一分钱，而且天天做，做得还很带劲！（F）

我这个人最大的优势就是对营销、演讲有自己的独家秘方，很容易让你复制，一学就会，认识我的人都说我长得不接地气，但是做事却很接地气！（A）

认识我能够给伙伴们带来什么好处呢？你可以免费跟我学口才、学营销，还可以学与企业相关的实操落地方法，最重要的是可以跟我学打造个人品牌。（B）

你可能在想：我是不是在吹牛呢？你只需要搜索一下"向登付"，看看我以往发表的部分文章，心里就有数了。（E）

我的口头禅是：不能为企业提升业绩的咨询顾问都是骗子！是的，没错，我是一名企业咨询顾问，也是一名专门教你打造个人品牌的私人教练，谢谢你们"假装"很用心地在听我分享，谢谢！

——资料来源：简书网

（五）自我介绍注意事项

在进行自我介绍时，求职者应注意以下几方面内容。

（1）充分展现自我。	除了运用面带微笑、目光交流、坐姿端正等表情和身体语言外，你还应以： 沉稳平静的声音， 中等稳健的语速， 清晰响亮的发音， 给考官以愉悦的听觉享受。 注意：声音小而模糊、吞吞吐吐，一定是胆怯、紧张、不自信和缺乏活力与感染力的表现！
（2）严格控制情绪。	心理学研究表明，"一个人的成功=20%的智商+80%的情商"。"妥善地管理情绪"是一个人情商的重要组成部分。 切忌： 介绍基本情况时面无表情、语调生硬， 谈及优点时眉飞色舞、兴奋不已， 谈论缺点时无精打采、萎靡不振。
（3）杜绝话无分寸。	

课堂互动

1.请运用学到的自我介绍的技巧分析下面的案例。

面试官	求职者
我公司主要是经营有地方特色或民族特色的工艺品,如北京的景泰蓝、景德镇的瓷器、杭州的纸伞、潮州的抽纱。这次招聘能开拓潮州抽纱、刺绣海内外业务的业务员。现在,请介绍一下你自己的情况。	我叫杨晓玲,2005年生于潮州市,毕业于××职业技术学院,市场营销专业。我在大学生活中,非常注重参加社团的实践活动。我喜欢刺绣,参加了学校的刺绣社团。在社团活动中,我先是学勾花,再学刺绣、抽纱,寒暑假也都在做抽纱。我还在一家纺织公司帮过忙,这也帮家里增加一些经济收入。大学三年的专业学习,使我掌握了营销方面的专业知识,这是我将来搞好业务的资本。我的口才较好,曾参加省级的演讲比赛,得了二等奖(递上证书)。我这个人的特点是头脑灵活、反应快,平时爱看报纸,对国内外的经济发展动态很感兴趣。

2.请根据提供的"新媒体运营师"岗位职责与任职要求,运用MTV模式或FABE法则完成一份自我介绍。内容可以适当虚构。

新媒体运营师岗位职责:

(1)新媒体互联网"病毒视频"的策划、编导;

(2)能够独立策划、剪辑视频(主要以短视频为主);

(3)了解各大网络平台,能提供相关的创意、策略及方案,并以视频方式呈现;

(4)定期做出团队评估报告和发展建议。

任职要求:

(1)可以独立带团队完成视频项目的策划、剪辑和后期制作,团队意识强,擅长与他人沟通,责任感强,对待项目认真负责;

(2)思维活跃,对视频传播的发展趋势和短视频的流行趋势有敏锐的嗅觉;

(3)热爱生活,喜欢综艺,能够策划创意性强、内容有趣的视频;

(4)"脑洞大""网感好",审美水平高,对自己的作品有高标准的要求,对新鲜事物永远保持探索之心;

（5）熟悉各大网络平台运营商的视频发布要求；

（6）对社会热点、潮流风向敏感，享受创作过程；

（7）有自媒体视频、传统电视媒体从业经验者优先，新闻、传播、广告、影视等专业的毕业者优先。

3. 请自拟一份心仪岗位的招聘信息，并完成 MTV 模式的自我介绍。

二、对答沟通

在面试过程中，最能体现应聘者综合能力的是对答这一环节。自我介绍给面试官留下的是对你的初步印象，而对答则可以全面展示你的应变能力、适应能力、专业水平、工作能力、性格爱好、处事方式、处世态度等。在面试过程中，面试官一般会问及求职者的专业水平、学历、知识结构、性格爱好、特长、优缺点、社会工作经验等。有一般性的问题，也有角度刁钻的问题。对答环节是对一个人的学识、反应、语言表达能力等的综合考察。

（一）对答沟通技巧

（1）具体实例法。为了向招聘者描述一个与众不同的你，必须记住：不要概述，要展示——用事实说明自己所具有的能力、素质、技能等。

问：你认为你对我们有什么价值呢？

答：大学时，我主修的是计算机，成绩优秀，实际操作能力强，我不但有理论知识，而且有实际经验。读书期间，我参加勤工俭学活动，在××公司做过推销员，还为学校拉过广告，已积攒了一点经验和一些熟悉的客户。所以我觉得，自己若有幸能来贵公司，不但可在贵公司从事技术工作，还可以从事营销工作，产销双结合。

（2）突出个性法。要坦率，但在表达过程中应注意避免说损害自身形象和招聘单位利益的话。

问：你喜欢出差吗？

答：坦率地说，我不喜欢。因为从一地到另一地推销产品并不是一件轻松的事。但我知道，出差是商业活动的一个重要组成部分，也是推销员的主要工作之一。所以，我不会在意出差的艰辛，反而以此为荣。

（3）审时度势法。首先掌握好回答问题的时间，做到心中有数，有的放矢；同时要做到读懂对方，在对答中学会"破译"对方心理，从而准确、迅速地调整自己的对策。

问：我们招聘的人，要有两年以上的工作经验。

答：对于贵公司这种录用人的条件，我是很理解的。富有经验的人工作上手快一些，但是，有经验的人可能在其从事的工作中养成一些不易改变的习惯，可能在新工作中会产生一些不良的后果。我作为一名新手,可塑性和适应能力较强,随时准备按贵公司的需要去塑造自己,以便适应工作。至于工作经验,我也不是没有,大学时,我在不影响学习的前提下,进行勤工俭学,从中获得了不少经验,虽然这些不是在专职的工作中得来的,但毕竟也是一种经验的积累。

(4)补白运用法。这种方法有利于缓解紧张与调整思路。所谓"补白",就是用一个或一些没有实际意义的词、短语或句子,来连接上下文,从而争取更多的思考时间。如"噢""好""不错""这个问题很有趣"。

(5)虚实并用法。将生活、工作中的真实情况与人生的价值、梦想等相结合,虚实并用。

问: 你是否有工作动力取决于哪些方面?

答: 我是否有工作动力主要取决于以下几个方面。首先是工作本身,即我是否对这份工作感兴趣,这份工作是否能使我发挥自己的特长,我是否能胜任这份工作,是否能学到新知识与技能,以及能否得到进一步的自我发展。其次是否能实现自我价值,即我是否能得到别人的尊重与信任,是否有进一步晋升的机会。最后是结果,即我能否得到较高的工资。

(二)面试对答的建议

(1)谈话内容。
- 注意礼貌用语。
- 切忌答非所问。
- 把握谈话重点。

(2)谈话形式。
- 用普通话作答。
- 态度诚恳、谦逊。
- 忌随意打断考官谈话。
- 忌滔滔不绝,狂妄自大。
- 学会聆听别人的谈话。

课堂互动

1.请回答下列面试问题。

(1)你希望得到多少薪水?

A.我听别人说这个职位的行情大概是……

B. 只要有发展机会，我愿意接受贵公司的薪酬标准，不知按规定这个岗位的薪酬标准是多少？

C. 自己最看重的是职业发展空间，薪水希望能符合贵公司的标准，同时也尽可能和自己的付出相当。

（2）如果我们录用你，你认为你在这份工作上会干多久呢？

A. 这问题可能要等我工作一段时间后，才能作比较明确地回答。

B. 一份工作至少要做三五年，才能学习到精华的部分。

C. 这个问题蛮难回答的，可能要看当时的情形。

D. 至少两年，两年后我计划再出国深造。

（3）你为什么想来我们公司工作？

A. 主要是这份工作的内容很吸引我。

B. 贵公司在业界很出名，听说管理也很人性化。

C. 我的大学同学在贵公司会计部工作，是他建议我应聘的。

D. 贵公司所处的行业，以及在业界的声誉、工作性质都很吸引我。

（4）你是怎么准备这次面试的？

A. 我不需要做太多的计划，我一直都准备在一个优秀的企业工作。对我来说，这是很自然的动力，所以我只用了一点时间来考虑贵公司对我是否合适，最终我认为在这里我可以大显身手。

B. 首先，我研究了贵公司的年度报告。其次，我在主要的贸易期刊上查找了有关贵公司的文章，其中一些重要文章增进了我对贵公司的了解。最后我联系了一个我认识的人，询问了他对贵公司的印象——他最近与贵公司有些接触。我把了解到的情况都记了下来，而且还在来之前复习了这些笔记。

2. 情景模拟。

某大型招聘会上，一家知名销售公司招聘"销售顾问"，其展位前人头攒动，很多应聘者跃跃欲试。此时，一名年轻的男性求职者递上简历。

假设你是那位年轻的求职者，你会如何递上你的简历，又会如何展现自己呢？讨论并模拟。

任务3：无领导小组讨论

一、无领导小组讨论概述

（一）无领导小组讨论的概念

无领导小组讨论（leaderless group discussion）是评价中心技术中经常使用的一种测评技术，采用情景模拟的方式对应聘者进行集体面试。一般由一组应聘者组成一个临时工作小组，在给定的时间内讨论给定的问题，并做出决策。在小组讨论的实施过程中，面试官会观察应聘者的组织协调能力、口头表达能力、辩论能力、说服能力、情绪管理能力、人际关系处理能力、非语言沟通能力。

（二）无领导小组讨论的特点

（1）无领导。每个讨论小组一般有4～8位应聘者，应聘者得到相同的信息，并且不被指定特别的角色（不定角色的无领导小组讨论），或只给应聘者指定一个彼此平等的角色（指定角色的无领导小组讨论），但都不指定谁是领导。

（2）不参与。面试官不指定每个应聘者应该坐在哪个位置，而是让所有应聘者自行排位、自行组织。面试官也不参与讨论，只是对每个应聘者在讨论中的表现进行观察（有时通过专门的摄像设备），对应聘者的各个考察要素进行评分，从而对其能力、素质水平作出判断。

（3）多向度。面试官对应聘者的考查分多个向度。一般从组织协调能力、口头表达能力、辩论能力、说服能力、情绪稳定性、处理人际关系的技巧、非语言沟通能力（如面部表情、身体姿势、语调、语速和手势）等各个方面进行考察，也会对应聘者的自信程度、进取心、责任心、灵活性、情绪控制等个性特点和行为风格进行考查。

（4）适合挑选特殊人才。无领导小组讨论适用于挑选具有领导潜质或某些特殊能力的人（如营销人员），即适用于挑选需要经常跟"人"打交道的人员，如中高层管理人员、人力资源管理人员、行政管理人员、营销人员。

（三）无领导小组讨论的流程

无领导小组讨论的流程通常包括面试组织、抽签入场、自我介绍、小组讨论、总结陈述、考生退场、计分审核等环节。

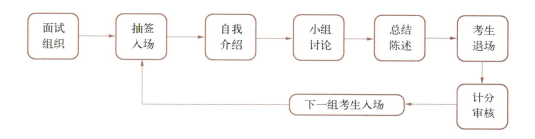

（四）无领导小组讨论的问题

（1）开放问题。此类问题的答案范围很广。这类问题主要考查应聘者思考问题是否全面、是否有针对性，思路是否清晰、是否有新的观点和见解。例如，你认为什么样的领导是好领导。

（2）两难问题（争议问题）。让应聘者在两种互有利弊的答案中选择其中的一种。主要考查应聘者的分析能力、语言表达能力以及说服力等。例如，你认为注重工作成绩的领导是好领导还是注重员工发展的领导是好领导。

（3）多项选择问题（排序问题）。此类问题是让应聘者在多种备选答案中选择其中有效的几种或对备选答案的重要性进行排序。主要考查应聘者分析问题、抓住问题本质方面的能力。例如，从下列需要为百姓办的实事中选出三件你认为最重要的上报市长。

① 延长供暖时间。

② 支持科技创新，为科技项目提供贴息贷款。

③ 解决上班时间交通拥挤的问题。

④ 保护1909年的大马路，保护和维修马路旁的老建筑。

⑤ 在小区设信息板，并禁止乱贴广告。

⑥ 为大学生提供各种就业信息，以及提供去西部地区锻炼的机会。

⑦ 建设文化广场。

（4）操作性问题。提供材料、工具或道具，让应聘者利用所给的材料制造出一个或一些考官指定的物体来。主要考查应聘者的动手能力、合作能力以及对在一项实际操作任务中所充当角色的特点进行把握的能力。

（5）资源争夺问题。此类问题适用于指定角色的无领导小组讨论，让处于同等地位的应聘者就有限的资源进行分配，从而考查应聘者的语言表达能力、概括或总结能力，发言的积极性和反应的灵敏性等。例如，让应聘者担当各个分部门的经理并就一定数量的资金进行分配。

（6）情景模拟问题。让应聘者扮演某一类角色，针对某一问题进行讨论，讨论前不指定谁主持。面试官在其讨论中观察每一个应聘者的发言及行为，了解应聘者的心理素质和潜在能力。一般从以下几个方面进行评价：领导欲望、主动性、说服能力、口头表达能力、自信程度、抵抗压力的能力、经历、人际交往能力等。

（7）材料分析问题。要求应聘者阅读一页或几页文字资料，讨论并回答问题，或通过讨论达成一致意见，提出建议、方案等。这考察应聘者的资料阅读能力、理解能力、概括归纳能力、分析能力、口头表达能力、说服力、自信心等。

（五）无领导小组讨论的现场布置

无领导小组讨论的现场布置方式有很多。

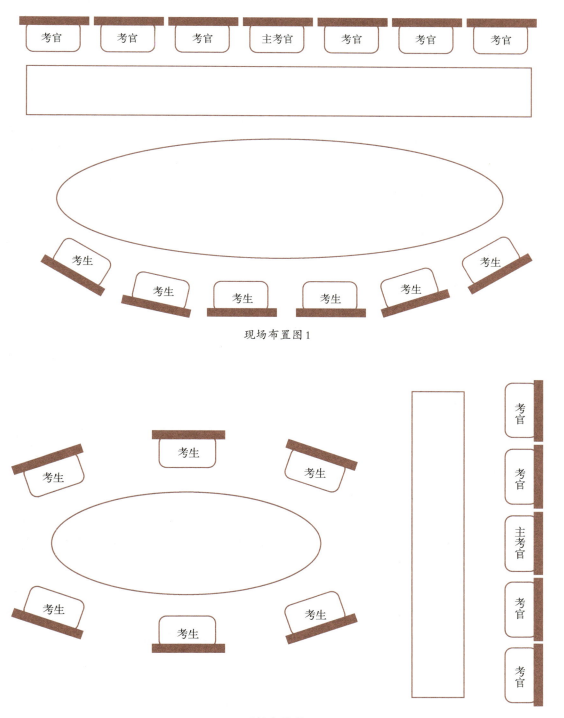

现场布置图1

现场布置图2

二、无领导小组讨论中隐含的角色

无领导小组讨论虽然在很多时候不指定具体的角色,但在讨论中还是会不自觉地形成以下几种角色。应聘者应根据求职岗位的特点、自己的个性特点及学识准备等,时刻准备着使自己成为以下的某种角色。

(1)破冰者——第一位发言者。

要求:阅读速度快,概念清楚,知识面广,系统把握能力强。

(2)组织者(穿针引线)——调动团队气氛,控制讨论的进展方向。

要求:组织协调能力强,思维敏捷,节奏感好。

(3)时间控制者——注意时间进展,提示小组时间。

要求:戴手表,时间意识强,节奏感好。

(4)总结者——代表小组进行汇报总结。

要求:概括归纳能力强,笔记完整。

无领导小组
面试微课

三、无领导小组讨论的面试技巧

(一)逐步成为领导者

面试开始后,不要力图引导和左右其他应聘者的思想和见解,此时争当领导者。对自己无把握的内容不要贸然进行总结。正确的做法是,在讨论结束之前,将各成员交谈的要点进行分析,指出其可取之处和不足之处,并适时拿出自己的令人信服的观点。这时的语调一定要舒缓、平和、沉稳,逐步成为讨论的中心人物,无形中使自己成为讨论的领导者。

(二)注重人际关系的营造

在充分展现自己才华的时候,不要对队友恶语相向、横加指责或对对方的观点无端攻击,试图说服对方时要看好时机,不要在对方情绪激动的时候试图改变其观点。可以尝试用"肯定+但是"的模式提出自己的观点,发言时尽量做到论证充分,辩驳有力,既能够清楚地表达自己的立场,又不令别人难堪。

(三)注意交谈技巧

应聘者应该有自己的观点和主见,即使与别人意见一致时,也可以阐述自己的论据,补充别人发言的不足之处,而不要简单地附和说:某某已经说过了,我与其看法基本一致。这样会使人感到你没主见、没个性,缺乏独立精神,甚至还会怀疑你其实根本就没有自己的观点。

当别人发言时,应该用目光注视对方,认真倾听,不要有下意识的小动作,更不要因对其观点不以为然而显示出轻视、不屑一顾的表情,这样会被面试官认为你涵养不够。如有与别人不同的意见,应在其陈述之后,沉着应付,不要感情用事,言语措辞也不要带刺,保持冷静可以使头脑清晰、思维敏捷,更利于分析对方的观点,阐明自己的见解。要以理服人,尊重对方的意见,不要全盘否定别人的观点,应该以探讨、交流的方式在较缓和的气氛中,充分表达自己的观点和见解。

（四）讲究气度礼仪

在言谈中要以礼待人,给予每个人同样的尊重。自己的发言因过于专业,或不被众人感兴趣而导致听者疲惫时,应立即停止发言。当有人对自己的发言进行反驳时,应心平气和地与之讨论。谈话时目光应保持平视,不恶语伤人,不高声辩论,做到温文尔雅,张弛有度。

可用适当的肢体语言,但不能做不尊重别人的举动,如摆弄手指、活动手腕、用手指向他人的鼻尖、双手插在衣袋里、看手表、抱着膝盖摇晃。

无领导小组讨论的应对策略

- ☐ 认真审题,明确答题要求
- ☐ 发言积极主动
- ☐ 维持良好的人际关系
- ☐ 把握说服对方的机会
- ☐ 注意讲话技巧,言辞真诚可信
- ☐ 抓住问题的实质,言简意赅
- ☐ 提出不同意见时,先肯定后转折
- ☐ 摆事实,讲道理,有说服力
- ☐ 尊重他人,争取良好印象
- ☐ 忌用粗话或黑话
- ☐ 慎用外语和方言
- ☐ 照顾发言较少的参与者,体贴周到
- ☐ 谈话时要注意自己的体态
- ☐ 注意倾听并记录,忌打断他人讲话
- ☐ 有自己的观点,态度要端正
- ☐ 在可能的情况下,称呼他人的名字

拓展阅读

无领导小组面试测评维度

综合分析：思路清晰；善于抓住问题的关键；分析问题深入全面；能有效、准确地把握和综合别人的观点。

组织协调：能够求同存异；能够引导小组讨论方向、把握小组讨论进程、恰当地引导小组做好任务之间的衔接和各个程序之间的转换；能够设法平息成员间的争议，推动小组形成一致的意见。

人际沟通：能够耐心倾听；理解他人的情绪和观点；有策略地与他人沟通；态度和方式得体。

情绪控制：面对压力和冲突时，能够沉着冷静、自我控制、积极应对。

言语表达：能够清晰地表达自己的观点和思想；语言生动流畅，能够有效影响他人。

举止仪表：穿着自然得体；言谈举止表现出良好的素养。

无领导小组讨论问题举例

1. 能力与机遇

能力和机遇是成功路上的两个非常重要的因素。徒有机遇但没能力的人，只能眼睁睁看着机遇溜走。同样的，只有能力但是遇到合适机遇的人，也很可能一生默默无闻。不过，对于能力更重要还是机遇更重要的问题，有人认为成功路上能力更重要，但也有人认为成功路上机遇更重要。

假如能力和机遇不能兼顾，只能倾向性地选择其中一项，你会选择哪一项？请至少列举5个支持你这一选择的理由。

任务要求：

（1）请用5分钟的时间，将答案及理由写在答题纸上，在此期间，请不要相互讨论。

（2）全班分组讨论。请用25分钟就这一问题展开讨论，在讨论开始时每个人首先要用1分钟阐述自己的观点。每人每次发言时间不要超过2分钟，但对发言次数不做限制。

（3）在讨论期间，整个小组形成一个决议，即对问题达成一致认识。

（4）小组选派一名代表在讨论结束后向全班同学做报告，分享你们小组的结论和理由。

（5）分享发言时间3分钟。

2. 成功的领导者是怎样的

做一个成功的领导者，可能取决于很多的因素。比如，善于鼓舞人，能够激发团队成员的积极性和潜能，充分发挥下属的优势；处事公正，能够在坚持原则的同时保持灵活性，公正地处理事务；办事能力强，具备高效处理事务的能力，能够在复杂情况下迅速做出决策；幽默，能够缓解紧张的工作氛围，增强团队的凝聚力；独立有主见，能够在决策中坚持自己的观点，同时保持开放的态度接受他人的意见；言谈举止有风度，能够增强领导者的权威和亲和力；有亲和力有威严感，能够在团队中建立信任和尊重，同时保持必要的权威；善于化解人际冲突，能够有效处理团队内部的矛盾，维护团队的和谐；有明确的目标，能够为团队设定明确的目标和方向，引导团队共同努力；能通观全局有决断力，具备战略眼光。

请分别从上面所列的因素中选出一个你认为最重要的和最不重要的因素。

任务要求：

（1）全班分小组进行讨论。请用30分钟时间就这一问题展开讨论，在讨论开始时每个人首先要用1分钟时间阐述自己的观点。每人每次发言时间不要超过2分钟。

（2）全组形成一个一致性的意见。

（3）小组选派一名代表在讨论结束后向全班同学做报告，分享你们小组的结论和理由。

（4）分享发言时间3分钟。

一、案例分析

1. 分析下面案例中这位女大学生的语言技巧。

在一次求职面试中，一家企业的招聘者问一位女大学生："国外一家企业的代理人携巨款来我市寻找适宜的投资对象，你作为我市某中型企业的法人代表，请问你将采用什么方法得到这笔投资？"这位女大学生略作思考，然后答道："首先，我需要了解对方详细的背景材料，例如，该公司的经营方针、项目、实力、已有业绩，当然也包括这位代理人的个人材料，最重要的是此次来中国的计划；其次，代理人来到后，我应当与对方预约见面的时间和地点，可以通过打电话，或是有关机构及个人进行联系；再次，与代理人商谈时我应当使用对方的母语，以增加熟识感和亲切感；最后，这次行动不一定会成功，但是我要尽我所能给对方留下深刻而良好的印象，以期为下次合作打下基础。"

2. 请分析以下两则案例中求职者失败的原因。

案 例 一

面试官：从你的简历得知，你的英语已达到全国大学英语六级水平，真是不简单呀。

求职者：您过奖了，其实我周围很多同学都达到了这个水平，我仅是一般而已。况且，我还有很多不足，譬如，我的电脑水平不高，很多同学都过了二级，我还是停留在初级水平上；还有一些专业课我也学得很不好，这让我很头痛。有时，我觉得自己很没用。

案 例 二

面试官：请问你是在什么环境下长大的？

求职者：二十二年前，我出生在南方一个美丽的海滨城市。那里冬暖夏凉，风景优美，还有著名的××海港，每年都吸引着不少游客前来游玩，我就是在那个美丽的地方长大的。以前在家的日子过得挺舒心的，说实在的，我对家乡真是恋恋不舍。

3. 以下是三位汽车营销专业同学的自我介绍，请点评其各自的优点和不足。

案 例 一

尊敬的公司领导：

你们好！首先感谢贵公司给我一个面试的机会。

我想你们会从我的面试材料上，对我有一个大致的了解。

今天，我满怀着信心和希望来面对这次机会。我也知道，贵公司作为一家长期占据本地汽车销售排行榜前10名的公司，对人才素质的要求是十分高的。这次，我递上自己的简历，不仅是因为我希望能给自己一个锻炼的机会，更是因为我对贵公司代理的××轿车的喜爱。你们可以在我的简历中，发现有一张彩页，那是我对××轿车发展史的整理和对贵公司代理的各款轿车的详细记录。

我长在农村，知道烈日下汗水的味道；做过小贩，知道同行间的激烈竞争；当过小工，知道劳动的辛酸。虽然，作为一名正式工，我的经历还不够，但是，我年轻，我有活力，我有一颗肯吃苦的心。希望贵公司能给我一个展示自己的机会，我会好好把握的。

谢谢！

案 例 二

各位考官上午好！

我叫王灵俊，是××职业技术学院2023届的毕业生。就我的现状而言，我就好比是一辆刚下生产线等待市场检验的小轿车。我觉得一个优秀的营销者就好比是一辆一流的轿车,总能让人们喜欢它,进而信赖它,最后愿意为它买单。人如其名,从我的名字不难看出我就像是一辆具有相当大市场前景的新款轿车。

"王"象征着"王牌"的品质,想在市场上站稳脚跟,品质永远是关键。经过大学三年的学习,我已经熟练地掌握了有关汽车的各方面专业知识。这就好比一辆车拥有一台品质卓越的发动机,无论面对什么样的路况、何种环境,它总能源源不断地输出最大动力。

"灵"在汽车上一则可指车内装潢设计十分人性化,便于驾驶者自如操作、灵活掌握;二则指汽车在行驶中无论调头还是转弯,抑或是其他动作,都是轻松、灵活的。我是一个有着很强的团队合作意识的人,能够很好地处理与同事的关系,故而便于领导指挥管理。除此之外,我的交际能力较强,面对复杂的人际关系,我能很自如地做好"转弯"或"调头"的工作。

"俊"则是指汽车拥有非凡的外观,所到之处总能赢得人们的喜爱。我虽然没有非凡的外表,但有较强的亲和力,容易让人接受,进而得到他们的信赖和喜爱。

虽然,我具备了成为一辆一流汽车的潜力,但是我的行驶经验远远不足,需要一名优秀的驾驶员不断地训练我、改进我。而贵公司就是一位难得的优秀驾驶员。如果贵公司能给我机会,我相信我会成为一辆名副其实的"王""灵""俊"般的轿车,为贵公司开拓更广阔的市场。

案 例 三

大家好,我叫××,毕业于××职业技术学院,学的专业是汽车营销。我校的这个专业不管在自己学校还是省里都是属于重点专业,所学内容具有更强的针对性。对于这个职位,相对于其他学校的同专业毕业生来说,我相信我具有更大的优势。而平时我对汽车也比较有兴趣,经常关注一些杂志和车展,所以对汽车的最新动态、型号之类的也比较了解,当顾客上门时,我相信能给他们做详细的介绍,使他们产生购买意向。以上是我的自我介绍,请大家给我一个机会。

谢谢!

二、实践操作

(1) 在一次招聘管理人员的面试中,你较好地回答了之前的问题。这时,面试官提出了这样一个问题:按照你的面试情况,符合做管理人员的要求。不过,我们招聘的管理人员名额有限,如果把你调到其他的工作岗位,不知你能否接受。

这时你会怎么回答?

(2) 模拟招聘。以小组为单位(4～6人),根据自己的专业讨论成立一家公司,拟订岗位,并设计相应的面试问题。小组间互相进行模拟面试。

要求:应聘者能有针对性地回答问题,口齿清晰,行为、仪态符合求职礼仪。

我 是 应 聘 者

① 我应聘的公司和岗位。

② 岗位的要求。

③ 面试官的问题和我的回答（可安排3～4组问答内容）。

④ 自我评价。

⑤ 改进之处。

我 是 面 试 官

① 我们的公司和我们的团队。

② 招聘的岗位和岗位的要求。

③ 我们的问题和应聘者的回答（可安排3～4组问答内容）。

④ 我们拟聘用的人和我们的理由（专业知识、技能；问题对答技巧；仪表仪态等）。

（3）请按照无领导小组讨论流程及要求，以下列材料为话题，以小组为单位进行一次模拟面试。

背景资料

你被调到某旅游酒店当总经理，上任后发现去年第四季度没有完成上级下达的利润指标，其原因是该旅游酒店存在着许多影响利润指标完成的问题，它们是：

① 餐厅饭菜差，顾客意见大；餐饮部饮食缺乏特色，服务较差，对外宾缺乏吸引力，致使外宾到其他饭店就餐。

② 分管组织人事工作的领导调离一月余，人事安排无专人负责，不能调动员工的积极性。

③ 客房、餐厅的服务人员不懂外语，接待国外旅游者需要雇翻译。

④ 服务效率低，客人挂出"尽快打扫"门牌后保洁人员不能及时把房间整理干净，外宾意见很大，纷纷投宿其他酒店。

⑤ 商品进货不当，造成有的商品脱销，有的商品积压。

⑥ 总服务台不能把市场信息、客房销售信息、财务收支信息、客人需求及意见及时地传达给总经理办公室及客房部等有关部门。

⑦ 旅游旺季不敢超额订房，生怕发生纠纷影响酒店声誉。

⑧　酒店对上级弄虚作假、夸大成绩、掩盖问题，导致上级对酒店制订的利润指标根本不符合酒店的实际情况。

⑨　仓库管理混乱，吃大锅饭，物资不按要求堆放，失窃严重。

⑩　任人唯亲，有些干部子女未经考察就被安排到重要的工作岗位上。

请问：上述10项因素中哪3项是造成去年第四季度利润指标不能完成的主要原因(只准列举3项)，请陈述你的理由。

任务要求

每位小组成员首先利用3分钟时间仔细阅读题目，然后利用25分钟时间进行小组内部讨论。

达成一致意见后，请推选一名代表做2分钟的汇报。

序　号	姓　名	评分要求						总　分
		综合分析（20分）	组织协调（20分）	人际沟通（20分）	情绪稳定（20分）	言语表达（15分）	举止仪表（5分）	
1								
2								
3								
……								

模块实训
——成功求职

项 目 说 明

一、项目实施目的

本项目主要考查学生对求职礼仪、求职口才的掌握及运用能力。学生通过项目实施,了解面试的基本流程、面试礼仪展现及言语对答技巧,并能合理地展开分析、评价。

二、项目开展方式

本项目以小组为单位开展,每个组模拟成立一家用人单位,设置1～2个岗位,根据岗位的需要准备8～15个面试题目,组与组之间互换面试官和应聘者的角色。

三、项目实施建议

本项目以教学班级为单位实施,参与人数一般控制在50人以内,以4～6人为一小组开展为宜。

项 目 实 施

项目实施的整个过程可分为项目准备阶段、项目实施阶段和项目总结阶段。

一、项目准备阶段

（1）项目指导教师应提前一周告知学生项目实施的目的、要求等，并要求学生自行分组和准备。

（2）准备能满足实训操作的教室（最好带演示台），建议同时准备4个类似的教室。

（3）每个小组自行准备视频录制器材和项目所需的道具。

（4）每个小组指定一位成员拍摄项目实施的过程。

二、项目实施阶段

（1）在项目指导教师的具体指导下，学生根据实训要求，完成场地布置。

（2）在项目指导教师的具体指导下，学生按照事先的分组和实训要求，进行模拟招聘实训。一组面试用时20分钟，2组互换面试用时40分钟。

（3）每个小组面试结束后面试官点评并确认录用人员。

（4）每个小组指定1名学生录制视频，并将视频资料提交给项目指导教师。

三、项目总结阶段

学生实训操作完毕后，实训指导教师和学生代表及时进行总结。总结工作包括：

（1）学生代表对实训过程进行点评。

（2）实训指导教师从知识的掌握、技能的形成及学生的表现出发，对整个实训做总评。

（3）实训指导教师根据现场情况及学生录制的视频评定学生的实训成绩。

注 意 事 项

（1）每位同学的着装必须符合面试要求。

（2）每个小组最终必须确定1位录用者，并说明理由。

（3）面试官对每位应聘者的礼仪表现和口语表达必须进行客观的点评。

（4）如果多个教室同时开展实训活动，指导教师要兼顾指导。

（5）实训期间，学生必须遵守纪律，尊重指导教师，虚心求教。

（6）学生必须按时参加实训，不得擅自提前结束实训或不参与实训。

（7）指导教师要切实做好项目实施安排，对项目实施过程中出现的问题应及时记录。

项 目 实 训 报 告

求职实训报告——小组篇

（1）项目目的。通过本项目实训，掌握基本的求职礼仪，并能运用求职沟通的相关技巧，进行自我介绍及简单的面试对答。

（2）项目概况。包括班级、组名、公司名称和小组成员（公司员工，注明身份）。

（3）本次拟招聘岗位与岗位要求。

（4）项目实施。列出对各位应聘者提出的问题和其回答。

（5）项目总结。说明打算录用的人员及理由（从求职礼仪、求职沟通、专业知识等角度阐述）。

（6）给应聘人员的忠告。

求职实训报告——个人篇

（1）项目目的。通过本项目实训，掌握基本的求职礼仪，并能运用求职沟通的相关技巧，进行自我介绍及简单的面试对答。

（2）项目概况。包括班级、姓名、学号、本次应聘岗位与岗位要求。

（3）项目实施。我的自我介绍（一分钟）。对方的问题与我的回答（可列出3～4轮问答内容）。

（4）项目总结。我的自我评价（从礼仪、沟通、自我展示等角度分析）。

模块二 职场形象设计

"我型我塑"
——优雅的身姿

情景导入 ▶

经过激烈的角逐，小董终于入职浙江商贸公司。上班第一天，他按照公司要求，穿了白衬衣、黑皮鞋、深色西服。可他的整个身姿看上去总是不那么挺拔，走路也给人一种不平稳感。他现在需要做的是多进行身姿的训练。

随着现代社会人际交往的日渐频繁，人们对职场所需的个人礼仪修养更加关注。细节之处显精神，举止言谈见文化。在职场中，个人形象的塑造，不仅事关个人，而且代表公司。

项 目 设 定 与 分 析

我型我塑

在反复多次观看自己的站姿、走姿、坐姿的图片并征询周围同事的意见后，小董认识到他平时的不拘小节确实已影响到他的职场形象塑造。他决定苦练优雅的身姿，不让自己的职场生涯输在起跑线上。

分 析 报 告

心理学研究发现，一个人与另一个人初次会面，45秒内就能产生第一印象。

第一印象的形成主要是依靠性别、年龄、体态、姿势、谈吐、面部表情、衣着打扮等来判断一个人的内在素养和个性特征。这一最先的印象会对人的社会知觉产生较强的影响，在人的头脑中形成并占据着评价对方的主导地位。董腾健要改变他的身姿，必须认真完成以下几个任务。

处方 —— 挺拔优雅的站姿 / 稳健雅致的坐姿 / 轻盈潇洒的走姿 / 优美稳健的蹲姿

项 目 实 施

任务1：挺拔优雅的站姿

站姿是最容易表现人的特征的姿势。不同的站姿有时会传递出不同的信息。

一、基本站姿

头正、颈直、肩平，下巴内收。

双目平视，挺胸收腹。

双臂自然下垂，手指并拢微屈，放在身体两侧，中指压裤缝。

两腿挺直，膝盖相碰，身体重心落在两脚中间。

优雅的站姿

二、不良站姿

头下垂或上仰；收胸含腰；背屈膝松；肩一高一低；臀部后突；两脚分得很开或交叉站立；手插在衣裤口袋里或搓脸、弄头发、抱肘于胸前；玩弄衣带、发辫、衣角、手指等；双臂胡乱摆动或背着手；用脚打拍子；一条腿弯曲或抖动；身靠柱子、桌子、柜台或墙，歪斜站立。

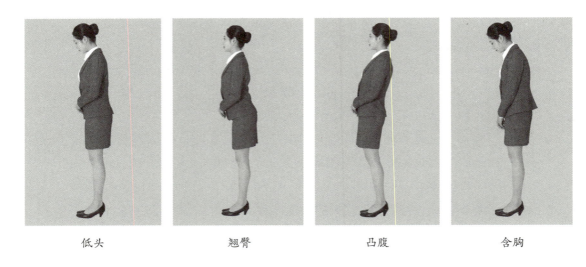

低头　　　　　　翘臀　　　　　　凸腹　　　　　　含胸

课堂互动

1. 将一本书放置于头顶，保持平衡，坚持10分钟。
2. 想象有人把你的后脑勺上的一缕头发往上拽，努力使自己站直，坚持10分钟。

任务2：稳健雅致的坐姿

男女坐姿

坐姿是日常生活中使用较多的人体姿势，它包含的信息非常丰富，同样也有美与丑、优雅与粗俗之分。良好的坐姿，能给人安详端庄的印象；不良的坐姿，会显得懒散无礼。

一、基本坐姿

基本坐姿亦称为"正坐"。一般来说，男士在坐下时，身体重心应该垂直向下，腰部挺直，两腿略分开，与肩膀同宽，看起来不至于太过拘束。两脚应尽量平放在地，大腿与小腿成直角，双手平放在腿上，或是椅子的扶手上，体现出男子汉的自信、豁达。女性则膝盖以上并拢，表现出庄重与矜持，右手搭在左手上，置于大腿中部。女性穿裙装入座，应用手将裙后摆稍稍拢一下，再慢慢坐下。如果坐在桌前办公，应上身挺直前倾，前臂自然伏于桌上。

腰背挺直,稍向前倾,双肩放松。

小腿与地面垂直,双脚自然着地。

臀部只坐椅子的2/3,背部不要靠在椅背上。

男性正座　　　　　　　　　　　　　　女性正座

二、其他坐姿

坐姿应与环境相适应,不同场合可以采用不同的坐姿。

(一)侧坐

女性双膝并紧,上身挺直,两脚同时向左放或向右放,双手叠放,置于右腿或左腿上。

男性小腿垂直于地面,上身左倾或右倾,左肘或右肘关节支撑于扶手上。

女性侧坐

(二)开关式坐姿

坐正,女性双膝并紧,两小腿前后分开,两脚前后在一条线上;男性既可两小腿前后分开,也可左右分开,两膝并紧,双手交叉于双膝上。

(三)重叠式坐姿

腿向正前方,将两脚交叉或跷起一条腿架在另一条腿上。女性要尽量使上面的小腿收回,平行直下,脚尖屈(绷直)向下;男性不能跷起过高的二郎腿。

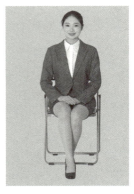 

开关式坐姿　　　　　　重叠式坐姿

三、不雅坐姿

要特别注意避免出现不雅的坐姿,同时要避免双腿叉开、抖腿和摇脚这一类动作。这要靠平时习惯的养成。如果平日没有养成良好的坐姿习惯,一旦穿上比较正式的服装,就会显得手足无措,甚至还会有比较唐突和滑稽的表现。要想避免这种情况发生,平时就要多加练习,养成良好的习惯。

 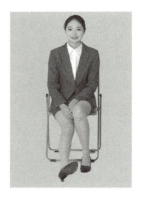  

不雅坐姿1　　　　　不雅坐姿2　　　　　不雅坐姿3　　　　　不雅坐姿4

四、入座步骤

步骤1:迈出左脚。　　　步骤2:右脚迈到椅子　　　步骤3:拢裙摆。
　　　　　　　　　　　　　前,双脚并齐。

步骤4：后背挺直，坐于椅子2/3处。

步骤5：右手压左手，放于腹部下方；按照规范要求摆好双脚。

课堂互动

1. 如果你要离座，需要注意些什么呢？

离座要求提示：

- ◆ 先有表示 ◆ 注意先后 ◆ 起身缓慢 ◆ 站好再走 ◆ 从左离开

2. 请你按照入座步骤及离座提示完成下面的离座步骤图并实际演示。

步骤1： 步骤2：

温馨小提示

穿礼服怎么坐？

穿着端庄典雅的礼服，可别忽略了仪态，否则一不小心，就可能出现尴尬的局面。

步骤1：站直，双腿并齐。

步骤2：维持双腿并齐的姿势，用手顺紧裙摆坐下。

步骤3：约坐在椅子1/2处，裙子太短的话可以用手或拿包压住大腿裙摆。

任务3：轻盈潇洒的走姿

一、正确的走姿

走姿最能体现一个人的精神面貌。良好的走姿应该自如、轻盈、矫健、敏捷。

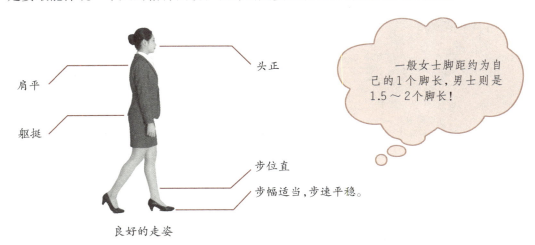

肩平

躯挺

头正

步位直

步幅适当，步速平稳。

一般女士脚距约为自己的1个脚长，男士则是1.5～2个脚长！

良好的走姿

　　男性走路要显示出阳刚之美；女性则要款款轻盈，显出舒柔之美。女性穿裙子或旗袍时要走一条直线，使裙子或旗袍下摆与脚的动作协调，显示出优美的韵律感。穿裤装时，宜走成两直线，步幅稍微加大，显得活泼潇洒。

　　上楼时身体自然向上挺直，头平正，整个身体随重心一起移动；下楼时，最好走到楼梯前略停一停，扫视一下楼梯后，再沿梯而下。

二、不雅的走姿

　　要注意纠正方向不定、瞻前顾后、速度多变、声响过大、八字步态、低头驼背等不雅走姿。

不雅走姿1

不雅走姿2

任务4：优美稳健的蹲姿

日常生活中，人们习惯于弯腰或蹲下将掉于地上的物品捡起，若不加以注意，则会出现不雅的姿势。作为办公室白领，在整理工作环境或为客户提供服务时，若随意弯腰或下蹲，往往会破坏自身的形象。

一、蹲姿的基本要领

蹲姿是人处于静态时的一种特殊体位。蹲姿的要领是：下蹲时一脚在前，一脚在后，两腿向下蹲，前脚全着地，小腿基本垂直于地面，后脚脚跟提起，前脚掌着地。下蹲时，女性应靠紧双腿，男性双腿则可适度分开。臀部向下，基本上以后腿支撑身体。

适用情况：整理工作环境，给予客人帮助，提供必要服务，捡拾地面物品，自我整理装扮。

蹲姿示例

二、蹲姿的类型

交叉式蹲姿

（一）交叉式蹲姿

在实际生活中常常会用到蹲姿，如在集体合影中位于前排需要蹲下时，女士可采用交叉式蹲姿，下蹲时右脚在前，左脚在后，右小腿垂直于地面，全脚着地。左膝由后面伸向右侧，左脚跟抬起，前脚掌着地。两腿靠紧，合力支撑身体。臀部向下，上身稍前倾。

（二）高低式蹲姿

下蹲时右脚在前，左脚稍后，两腿靠紧向下蹲。右脚全脚着地，小腿基本垂直于地面，左脚脚跟提起，前脚掌着地。左膝低于右膝，左膝内侧靠于右小腿内侧，形成右膝高、左膝低的姿态，臀部向下，基本上以左腿支撑身体。

高低式蹲姿

三、注意事项

弯腰捡拾物品时，两腿叉开，臀部向后撅起，是不雅的姿态；两腿展开平衡下蹲，其姿态也不优雅。

蹲时注意内衣"不可以露，不可以透"。如果需要，女士可以用一只手护住自己胸前的衣物。

课堂互动

1. 根据规范的蹲姿要求,练习交叉式蹲姿、高低式蹲姿。
2. 请用正确的蹲姿捡拾掉于地上的书本。

拓展阅读

第一印象的重要性——心理学的证明和解释

生活中我们第一次见到某人的时候,心中总会对其有一个印象。通常所说的这个印象实际上就是指第一印象(最初印象)。在社会心理学中,由第一印象导致的、在总体印象形成上获得的最初信息比后来获得的信息影响更大的现象,称为首因效应,也叫最初效应。

美国心理学家所罗门·阿希以大学生为研究对象做过一个实验。他让两组大学生评定对一个人的总的印象。对第一组大学生,他告诉他们这个人的特点是"聪慧、勤奋、冲动、爱批评人、固执、妒忌"。很显然,这六个特征的排列顺序是从肯定到否定。对第二组大学生,阿希所用的仍然是这六个特征,但排列顺序正好相反,是从否定到肯定。研究结果发现,大学生对被评价者所形成的印象受到特征呈现顺序很大影响。先接受了肯定信息的第一组大学生,对被评价者的印象远远优于先接受了否定信息的第二组。这意味着,最初印象有着高度的稳定性,后继信息甚至不能使其发生根本性的改变。

美国心理学家陆钦斯运用文字描述材料所做的研究,也验证了首因效应的存在。他用两段文字材料描绘了一个叫吉姆的学生。一段文字将吉姆描绘成一个友好、外向、乐于交往、快乐的人,说"吉姆去买文具,与两个朋友一起边走边晒太阳。他走进一家文具店,店里挤满了人,他一面等待店员招呼,一面与一个熟人谈话"。另一段文字则将吉姆描述成呆板、害羞和内向的人,说吉姆"放学后,独自一人离校,在阳光明媚的马路上,他走在背阴的一边"。

陆钦斯的研究发现:只看外向段描述的被测试者,绝大多数将吉姆看成了友好、外向的人;只看内向段描述的被测试者,绝大多数将吉姆看成了沉默、内向的人;而当两个段落混在一起呈现时,多数被测试者对于吉姆的印象只是根据先出现的第一段材料确定的,受第二段材料的影响很小。

为什么第一印象如此重要？这是因为第一印象对于后面获得的信息的解释有明显的定向作用。也就是说，人们总是以他们对某一个人的第一印象为背景框架，去理解他们后来获得的有关此人的信息。譬如，前面所提到的陆钦斯的研究，当人们先看了外向段之后再看内向段，人们会认为吉姆之所以会出现内向段中所描述的表现，是因为他当天在学校里正好赶上了不顺心的事，而吉姆实质上是外向的人。反之亦然。

有关首因效应的研究告诉我们，在人际交往中，我们要注意给初次见面的人留下一个好的第一印象；但在与别人的交往中，不要仅仅凭借对别人的第一印象给对方定性，而应该根据以后每次交往时获得的新信息随时调整你对对方的印象和看法。

天津南开中学的镜铭

天津南开中学有这样一个镜铭："面必净，发必理，衣必整，纽必结。头容正，肩容平，胸容宽，背容直。气象：勿傲、勿暴、勿急。颜色：宜和、宜静、宜庄。"

周恩来总理在学生时代就以此镜铭作为言谈举止的规范。

项 目 实 训

1. 个人靠墙站立，要求后脚跟、小腿、臀、双肩、后脑勺都紧贴墙，每次训练半小时，每天一次。

2. 按坐姿的基本要领，着重脚、腿、腹、胸、头、手部位的训练，也可以配上舒缓、优美的音乐以减轻疲劳，每天训练半小时直至形成习惯。

3. 在地面上画一条直线，行走时双脚内侧踩在线上。若稍稍碰到这条线，即证明走路时两只脚几乎是在一条直线上。

4. 以小组为单位，模拟向领导汇报工作的情境。要求情境设计中必须有行、站、坐、蹲等环节展现。如"蹲"的环节可设置"捡拾文件夹"。

"我型我秀"
——人如所穿

　　小孙是一位美丽、漂亮的女孩子，皮肤白皙、身材高挑，浑身上下都透露着一种青春的气息。进入明星集团后，为了让自己看上去显得比较成熟、老练，小孙穿了一套深咖啡色的套装，戴上了一副黑色镜框的眼镜，同时还把她的头发披散了下来。结果上班第一天，就被主管建议找形象设计师设计一下着装。

　　早在20世纪70年代，美国洛杉矶大学的心理学教授马瑞比恩博士就得出结论：我们每个人互相之间给对方留下的印象有55%取决于我们的外表，38%取决于我们的声音，7%才是谈话的实际内容和背景资料。因此，再没有比让别人通过记住你的服饰从而记住你的更好的办法了。

项目设定与分析

我型我秀

　　第一天上班就被领导批评,小孙心里很不好受。可是,面对着衣柜里的服装,小孙不知该如何搭配;面对着商店里琳琅满目的服饰,小孙也不知哪一件适合自己。小孙决定好好学习服饰搭配,把在学校里没学好的课程补回来。

分 析 报 告

　　今天能够给我们留下深刻印象的穿衣高手,不论是设计师还是名人,都有一个共同的特征——他们创造了自己的风格。每个人都应该有自己的审美品位。要做到这一点,就不能被千变万化的潮流所左右,而应该在自己所欣赏的审美基调中,加入时尚的元素,融合成个人品位。融合了个人的气质、涵养、风格的穿着会体现出个性,而个性是最高境界的穿衣之道。

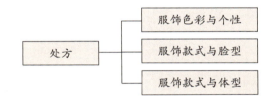

处方
- 服饰色彩与个性
- 服饰款式与脸型
- 服饰款式与体型

项目实施

任务1: 服饰色彩与个性

　　服饰色彩是影响服饰感观的第一因素。恰到好处地运用色彩的不同观感,不但可以修正、掩饰身材的不足,而且能强调突出个人的优点。若想在着装上使自身气质得到淋漓尽致的发挥,必须充分了解色彩的特性。

　　一、色彩基础认知

　　(一)色彩的形成

　　色彩是通过眼、脑和我们的生活经验所产生的一种对光的视觉效应。

　　(二)色彩三属性

　　色相:色相即每种色彩的名称,如红、橘红、翠绿、湖蓝。

明度：指色彩的明亮程度。色彩的明度有两个特征：一是在同一色相由深至浅变化中，如深红、大红、粉红，明度逐渐增强；二是不同的颜色有不同的明度。每一种纯色都有与其对应的明度。黄色明度最高，蓝、紫色明度最低，红、绿色为明度居中。

纯度：指色彩的纯净程度，它表示颜色中所含有色成分的比例。含有色彩成分的比例愈大，则色彩的纯度愈高，反之则愈低。

生活中色彩无处不在，然而每个人对色彩的感知度又大不相同，所以色彩可谓是最响亮的视觉语言。设计中色彩是功能和情感的融合表达，在功能表现上具有一定共同认知个性。色彩不仅能快速给人某种印象，而且还能增加可识别性；它还是情感表达要素，可因人的情感状态产生多重个性。因此，在设计中恰到好处地处理色彩，能起到融合表达和情感的作用，更具有丰富表现力和感染力的作用。色彩源于自然，高于自然。在生活中，注意不同色彩的属性，能够帮助我们更好地搭配服饰。

小提示

（1）色相环由原色、二次色和三次色组合而成。

（2）色相环中的三原色是红、黄、蓝，在环中形成一个等边三角形。

（3）二次色是橙、紫、绿，处在三原色之间，形成另一个等边三角形。

（4）红橙、黄橙、黄绿、蓝绿、蓝紫和红紫为三次色，由原色和二次色混合而成。

原色有红、蓝、黄；二次色有橙、绿、紫；三次色有红橙、黄橙、黄绿、蓝绿、蓝紫、红紫。

色相环上某种颜色与其对面的颜色互为补色。一般，红对绿、蓝对橙、黄对紫。两个互为补色的色彩在一起时，会产生明显的效果，使色彩彼此色感更强，一般我们称之为补色对比。

（三）色彩的心理暗示

颜色对生活及心理的影响已是公认的事实,而且已被应用于心理治疗和一些疾病的辅助治疗当中。例如,暖色使人感觉更靠近自己,冷色使人感觉远离自己;灰度高、颜色深的颜色会让人感觉生硬,淡淡的浅色调则会给人柔软的感觉;大红的颜色会让人心跳加快、热情高涨,蓝色则会让人安静。

二、服饰色彩传达的信息

每个人都有色彩心理倾向性。你很喜欢的颜色不一定会适合作为你所穿服装的颜色。当你选择好自己的服饰用色后,你会发现自己从内到外都有一种焕然一新的感觉,心境会明朗很多。在社交活动中,你给人的第一印象也会是得体、大方、有品位的,自信心也会随之得到很大的提升。所有这些变化,色彩功不可没。

红色:请注意我,我精神很好,我精力旺盛。

蓝色:我很可靠,善于解决问题,请信任我。

橙色:我很快乐,我有明确的目标,和我交往很轻松。

绿色:和平共处,保持平衡,敢于挑战,我很理性。

紫色:请爱护我,请保护我,我很脆弱,我很敏感。

黑色:我有主见,稳重,有品位。

黄色:我很高兴,我接受新事物,快乐地做吧。

白色:诚实,干净,我在认真听你说话哦!

色彩的"自我介绍"

课堂互动

1. 你有自己偏好的色彩吗? 它带给你什么样的感受呢?

2. 时尚心理学家卡拉马尼斯说:"颜色很重要,因为我们赋予它的含义、我们相信它的力量的程度,以及我们收到积极回应的程度,使我们感觉良好。"最近流行的"多巴胺穿搭"就是利用鲜艳的颜色来装扮自己,从而优化一个人当前的情绪的新潮流。请根据你的色彩属性,为自己设计一套"多巴胺"穿搭,用颜色来释放自己的情绪,让快乐离自己更近一些。

三、服饰色彩搭配技巧

（一）色调配色

指具有某种相同性质(冷暖调、明度、纯度)的色彩搭配在一起,色相越全越好,最少也要三种色相。比如,同等明度的红、黄、蓝搭配在一起。

(二)近似配色

指选择相邻或相近的色相进行搭配。这种配色因为含有三原色中某一共同的颜色,所以很协调。因为色相接近,所以也比较稳定,如果是单一色相的深浅搭配则称为同色系配色。

(三)渐进配色

指按色相、明度、纯度三要素之一的程度高低依次排列颜色。特点是既使色调沉稳,又使色调醒目,尤其是色相和明度的渐进配色。彩虹的颜色就是色调配色,也属于渐进配色。

(四)对比配色

也称"撞色"。指用色相、明度或纯度的反差进行搭配,有鲜明的强弱对比。其中,明度的对比给人明快清晰的印象,可以说只要有明度上的对比,配色就不会太失败。比如,红配绿,黄配紫,蓝配橙。

(五)单重点配色

指让两种颜色形成面积的大反差,相当于以一种颜色做底色,以另一种颜色做图形。

(六)夜配色

严格来讲这不算是真正的配色技巧,但很有用。高明度或鲜亮的冷色与低明度的暖色配在一起,称为夜配色或影配色。它的特点是神秘、遥远,充满异国情调、民族风情。比如:枭色配勃艮第酒红,翡翠松石绿配黑棕。

色彩搭配技巧总结

(1)色彩要有轻重之分,就是色块不要均分。

(2)近似色搭配不易出错,如黄色和绿色、粉红和红色。

(3)比较出彩的搭配,就是互补色、对比色。关键要掌握好轻重。比如,黄色和浅蓝,白色和红色。

(4)衣服的色彩太鲜艳,可以用白、黑、金、银色等配饰来平衡,例如,加一条其中某色彩的腰带。

四、色彩与肤色的搭配

"四季色彩理论"由"色彩第一夫人"美国的卡洛尔·杰克逊女士发明,并迅速风靡欧美,后由佐藤泰子女士引入日本,并研制成适合亚洲人肤色的颜色体系。1998年,该体系由华裔日本色彩顾问于西蔓女士引入中国,并针对中国人的肤色特征进行了相应的改造。

"四季色彩理论"的重要内容就是把生活中的常用色按基调的不同进行冷暖划分和明度、纯度的划分,进而形成四大组自成和谐关系的色彩群。由于每一组色彩群的颜色刚好与大自然四季的色彩特征吻合,因此,人们便把这四组色彩群分别命名"春"(暖色系)、"秋"

(暖色系)和"夏"(冷色系)、"冬"(冷色系)。

这个理论体系对于人的肤色、发色和眼珠色等"色彩属性"(色相)同样进行了科学分析,总结出冷、暖色系的人的身体色特征,并按明暗(明度)和强弱(纯度)把人区分为四大类型(每大类里还要细分),为人们分别找到和谐对应的"春、夏、秋、冬"四组装扮色彩。而一旦定型,你就有了属于自己的36种色彩。你可以从最适宜自己的色彩中,选定服装、饰物、发型和彩妆的基调,展现自己的美丽。

(一)春季型人

春季型人体貌特征:发色淡而微黄;眼睛亮而有神;脸色白里透红。

正确搭配:适合春季型人的36色,都是纯正色中的合成色,是基色"搭配"的最美效果,每一色都是好看的。驼色、亮黄绿色、杏色、浅暖水蓝色、浅金色都可以作为主色穿在身上。妆色以橘色、桃红色为佳。饰物以亮金、富有光泽的首饰最配。

春季型人应回避:颜色较重的、彩度不够高或过于浅淡的颜色,因为这些颜色会让春季型人看上去倦怠、平淡,不能出彩。

(二)夏季型人

夏季型人体貌特征:白皮肤中泛着小麦色,健康、自然;黑色柔软的头发;轻柔亲切的目光。

正确搭配:适合夏季型人的36色中,以蓝灰、蓝绿、蓝紫等恬淡宜人的浅色系最佳。 配饰以灰蓝、云杉绿、兰花紫色等为最俏。妆色宜用偏玫瑰色的冷米色,包括腮红、口红,也应统一在浅玫瑰红的色系中。

夏季型人应回避:明度过低、彩度过高的颜色,重色与亮色会破坏夏季型人文静典雅的气质。

(三)秋季型人

秋季型人体貌特征:发质黑中泛黄;眼睛亮而眼仁泛棕色,对比不强烈,目光沉稳;陶瓷白的皮肤,绝少出现红晕。

正确搭配:秋季型人最适宜的色彩是土色、老绿色、苔绿色、枯叶绿色、咖啡色、明暗棕色、金黄色、泥金色。

秋季型人应回避:沉重的颜色,那些颜色会让秋季型人看上去气血不好,显得没有精神;过于鲜艳、明亮的颜色,会让秋季型人显得浮躁,破坏其知性、高雅的气质。

(四)冬季型人

冬季型人体貌特征:发色较黑;眼球亮黑且目光锐利;肤色偏白有一些光泽。

正确搭配:冬季型人的色调要体现"冰"色,塑造冷艳的美感。以原汁原味的原色,如红、海军蓝、黑、白、灰等为主基调。36色中的冰蓝、冰粉、冰绿、冰黄等色皆可作为配色点缀其间,深浅搭配,反差搭配,惊艳、脱俗、亮丽。饰物以白色、白银首饰最俏。

冬季型人应回避:由于冬季型人肤色较暗,在穿衣搭配时应注意靠近脸部的位置尽量避免太重的颜色,可以把上衣穿得鲜艳一些,或者用点缀色来提亮肤色。

课堂互动

1. 请根据"四季色彩理论"诊断自己的色彩属性。

（1）你的头发是怎样的？

    A. 浓、厚、硬，乌黑发亮或芝麻色

    B. 稀、薄、软，棕色偏黑

    C. 浓、厚、硬，褐棕色或黑芝麻色

    D. 稀、薄、软，棕色偏黄

（2）你的皮肤是怎样的？

    A. 苍白、偏黄，没有红晕

    B. 苍白、薄、偏黄

    C. 棕色、光滑、厚实

    D. 薄而透、容易脸红、过敏

（3）你的眼睛是怎样的？

    A. 明亮、目光犀利、有距离感

    B. 温柔、沉稳、有亲和力、不明亮

    C. 不明亮、沉稳，甚至蒙上了一层雾

    D. 明亮、可爱、有亲和力

（4）你的唇色是怎样的？

    A. 偏玫瑰色

    B. 偏旧、发乌、苍白

    C. 偏旧、发乌、色素深

    D. 偏橘红、鲜艳

参考答案：

如果A多，你就是冬季型；如果B多，你就是夏季型；如果C多，你就是秋季型；如果D多，你就是春季型。

2. 请根据"四季色彩理论"为自己设计一份服饰色彩搭配方案。

任务2：服饰款式与脸型

一、脸型的分类

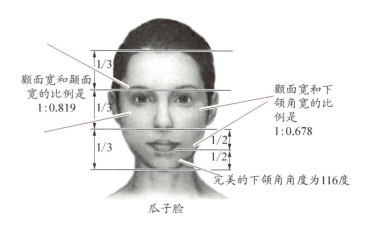

瓜子脸

丝巾系法教学

图中标注：
额面宽和颥面宽的比例是1:0.819
颥面宽和下颌角宽的比例是1:0.678
完美的下颌角角度为116度

（一）瓜子脸

瓜子脸是最符合中国传统审美观念的脸型，也是符合黄金分割比例的脸型，额头与颧骨几乎一样宽，同时又比下颌稍宽一点，脸宽约是脸长的2/3。

（二）鹅蛋脸

鹅蛋脸的特点是线条弧度流畅，整体轮廓均匀，额头宽窄适中，与下半部平衡均匀，颧骨中部最宽，下巴呈圆弧形。鹅蛋脸最显著的特点是：从横向看，眼睛是脸颊宽度的1/5；从纵向看，额头、鼻子、下巴的比例为1∶1∶1。

（三）长脸

长脸的特点是脸比较瘦长，额头、颧骨、下颌的宽度几乎相同，但是脸宽小于脸长的2/3。按照中国传统的三庭五眼来判断，眉毛到额头顶属于上庭，眼睛到鼻子属于中庭，鼻子到下巴属于下庭。一般长脸型的人中庭较长。

（四）方脸

方脸的特点是在双侧耳下俗称腮部的部位膨大突出，正面观时，面部两侧轮廓垂直向下，与下轮廓线呈直角相交，使面部下1/3显得宽而阔，颧骨、下颌的宽度基本相同，脸显得四四方方。

（五）圆脸

圆脸的特点是额头、颧骨、下颌的宽度基本相同，但与方脸最大的区别就是圆脸比较圆润丰满，不像方脸那么方方正正。

（六）倒三角脸

倒三角脸的特点是眼睛、眉毛、额头这部分比较宽，从脸蛋开始慢慢窄下去，下巴比

小方巾系法一

较尖。

二、脸型与服饰领口的搭配

● **鹅蛋脸或瓜子脸**。这是最完美、理想的脸型,因为没有什么缺陷,不需要加以掩饰,所以搭配任何样式的领口都适合。

● **圆脸**。圆脸显得宽大、饱满,宜增加长度感,减少圆的感觉。以V字的领口最为合适。穿圆领口时,领口须大于脸宽,则脸型将显得较小。

● **长脸**。此种脸型,梳刘海儿可降低其长度感。水平的领口适合这种脸型,如船形领、方领、水平领都适合。

● **方脸**。这种脸型大多显得宽大,给人很强的角度感,不适合圆形衣领,而U字领口可缓和这种脸型的角度感。

● **倒三角脸**。这种脸型比较适合船形领、平领及较浅的圆领,V领及U领较不适合。设计发型时宜采取下厚上薄的原则,以蓬松立体的椭圆形刘海儿为宜。

● **长颈**。最好穿高领上衣,或者在颈部以饰带、项链等饰物加以修饰,以降低颈部的长度感。不宜留短发并穿大开领的上衣,否则会完全裸露长颈。

● **短颈**。穿高领衣服会给人"没脖子"的感觉,这是比较忌讳的,可以利用开领、杏领、短发等来降低短颈感。

任务3：服饰款式与体型

衣服的款式、色彩会对体型产生视觉影响。在选择各类服装时,需要先站在全身镜前了解一下自己的体型,如肩部与臀部的比例、腰部高度,然后选择合适的服装,这样既能掩瑕疵,又能改善你的精神面貌。在日常生活中,标准体型的人毕竟不多,追求服装与体型配套的目的,就是通过视觉来完善形象,通过服装的外形、式样、颜色,来使整体显得美观。如通过对服装的调整,在视觉上延长较短的腿,或使窄的肩部变宽。我们可以通过服装不同的分割线、面料纹样、色彩因素等来对不同体型加以完善。

一、女士体型与服饰搭配

（一）X形（葫芦形）体型

X形俗称"沙漏形",是匀称的体型。对女性来说,这是理想的、标准的体型,世界上那些高级时装设计师往往是以拥有这样体型的女性为假想对象来进行服装设计的。

特点：身材圆润、臀部挺翘、胸部丰满、腰线明显,尤其是上半身与下半身区分特别明显,胸部与臀部明显突出,整体外观如葫芦般曲线玲珑。

要点：尽量选择合身但不贴身的衣服,过腰的上衣可掩饰缺点。因为腰部曲线明显,可以选择剪裁合身、样式简单的连衣裙,以展现腰部的魅力;避免穿直线条或传统样式的紧身裤,应选择用悬垂性好的面料剪裁的裤子。

避免：任何过于刚硬、直筒的线条剪裁;硬质的布料;腰带过于醒目或勒得过紧。

小方巾折叠法一

小方巾折叠法二

| 不合适 | 合适 | 休闲装 | 正装 | 职业装 |

（二）H形（长方形）体型

H形体型特征是：上下宽度相同,腰身线条起伏不明显,整体上缺少"三围"的曲线变化。着装时要注意利用细节转移别人对你腰线的注意。

特点：大多有着方形或长方形身材的人,外形线条直,肩宽与臀宽大约相等,腰部曲线不明显。

要点：穿衣时尽量将上衣放在裙子或裤子外,这样就不会给人没有腰线之感。直线条的连身裙、两件式的搭配、及膝的硬挺A字裙搭配有腰线设计的上衣能美化腰部曲线。

避免：使用过分醒目的腰带,腰部周围有过于繁杂的设计。

| 不合适 | 合适 | 休闲装 | 正装 | 职业装 |

(三) O形(圆形)体型

拥有圆形身材的女性,其脸型大多为圆形或椭圆形,身体看起来丰满、圆润,有曲线感。

特点:宽肩,圆润的胸部曲线,不明显的腰部线条,较大的臀部。

要点:尽量选择能遮住腰部的衣服,A字裙,舒适合身但不紧身的裤子。为避免身材太过圆润突出,应选择较宽松的连衣裙、较长的上衣。

避免:会造成圆形效果的装饰,如小圆领、大型珍珠项链、圆点印花或粗而醒目的腰带。

| 不合适 | 合适 | 休闲装 | 正装 | 职业装 |

（四）Y形（倒三角形）体型

Y形对于女性来说，并不是一个优美的体型。这种体型肩部宽、胸部大、过于丰满，会使人显矮，上身有一种沉重感。

特点：肩部较宽，臀部扁平，肩宽超过臀宽3厘米左右，全身有明显的垂直感，是长方形与三角形的混合体，整体外观为直线条形。

要点：选择没有垫肩的服饰。长裙、A字裙、打褶裙可以掩饰扁平的臀部。忌选择贴身的裙、上衣与裤子，宽松的款式、简单的线条比较适合这类体型的女性。

避免：宽大的垫肩、强调肩膀的装饰；船形领、平领。上衣选择艳色、暖色或亮色，前胸部有绣花、贴袋之类的装饰。

不合适　　　合适　　　休闲装　　　正装　　　职业装

（五）A形（三角形）体型

A形俗称"梨子形"，一般胸部较平或乳部较靠上，窄肩，腰部较细，有的腹部突出，臀部过于丰满，大腿粗壮，下身重量相对集中，在整体上显得下部沉重。

特点：上身小、背窄、腰细，臀围线低且圆，下半身较笨重，臀宽超过肩宽3厘米左右。

要点：可采用较强烈的细节色彩，将人们的视线引向腰以上的部位。上衣选择宽松但依然能保持身材的款式，不穿紧身衣，上衣应比下装色泽亮或带有花纹。裤子选择简单的款式。

避免：使肩膀看起来窄的袖型，如斜肩袖、蝙蝠袖；臀部周围有复杂设计的款式，如绲边、对比色块；蓬松的褶皱裙或布料硬的A字裙、斜裙。

| 不合适 | 合适 | 休闲装 | 正装 | 职业装 |

　　除了上述几种体型以外，还有高度与宽度都超过标准体型或不够标准体型的。我们称之为体型太大或体型太矮。

　　体型太大的人不宜穿着颜色浅且鲜艳的衣服，如鲜艳的大花图案、宽格条的衣服，而应代之以素色小花隐纹或长条纹服饰。体型太矮的人，尽量少穿或不穿色彩过重或纯黑色的服饰，免得在视觉上造成缩小的感觉。这两种体型的人在色彩搭配上要掌握两个基本要领，一是服饰色调以温和为佳，极度深色与极度浅色都不好；二是上装的色彩搭配应属同一色系，色度反差太大、明度对比过于强烈都不好。

　　二、男士体型与服饰搭配

　　人体体型由骨骼、肌肉、皮肤三要素构成。骨骼决定了人的高矮，肌肉决定了人的胖瘦。与体型关系最为密切的是皮肤的皮下脂肪。根据上述三要素的构成情况，我们将男性体型分为如下五种。

　　（一）健美型

　　特点：肩很宽、很厚、结实、健壮，腰明显较细，大腿部的肌肉很发达。

　　建议：上衣以肩部合适为准，裤子应能满足臀部和大腿的放松度。对于这种体型，一般型号的上衣和裤子容易在腰围处出问题，需加以注意。

　　（二）高胖型

　　特点：个头高大，体胖，腹部突出。

　　建议：宜选择宽松款式，上衣应略长一些。不宜穿平肩或翘肩款式，色彩以黑色和藏蓝色为主。

　　（三）矮胖型

　　特点：个矮体胖，腹部突出。

建议：宜选择宽松款式，上衣不宜过长，面料的花纹不宜太明显。不宜选粗纺花呢面料，裤口宜采用3厘米卷脚。

（四）瘦高型

特点：又高又瘦。

建议：以肩部合适为基准，不宜穿瘦细的裤子。

（五）矮瘦型

特点：又矮又瘦。

建议：宜穿收腰上衣，衣长不宜把臀部全部盖住。不宜穿黑、藏蓝、深灰色等深色调的衣服，宜穿浅灰色等亮色调衣服。

温馨小提示

成年男子的体型

　　成年男子的体型是以腰围和胸围的差数来区分的，与身长无关。根据我国公布的《服装号型　男子》标准规定，成年男子体型可以分为以下四类。

体　　型	胸围−腰围差数
Y体型	17 cm ～ 22 cm
A体型	12 cm ～ 16 cm
B体型	7 cm ～ 11 cm
C体型	2 cm ～ 6 cm

男士侧面体型图：

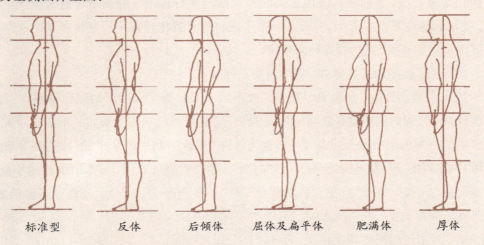

标准型　　　反体　　　后倾体　　屈体及扁平体　　肥满体　　　厚体

——资料来源：《服装学概论》，李当岐，高等教育出版社2008年版

利用六个视觉原理提升"衣品"

第一招：运用线条长度视错觉，打造魅力天鹅颈。

如运用莱依尔错觉，多选用"V"领服饰。运用"垂直-水平错觉"原理，选择细长的色块，而不是扁平的色块。

在日常穿搭中，肩部窄小的人可以穿带有荷叶边领、泡泡袖、羊腿袖等具有错觉元素的服装，营造宽肩、直角肩的"假象"。身材苗条但身高不高的人，挑选礼服时可以选择鱼尾裙，以达到提升身高的效果。

第二招：运用艾宾浩斯错觉，让身材不膨胀。

有两个面积完全相同的圆，一个包围在大圆内，一个包围在小圆里，那么被大圆围绕的圆会看起来比另外一个被小圆围绕着的圆看起来小。这就是艾宾浩斯错觉。艾宾浩斯错觉用在服装设计中的经验是，相同款式的服装，偏胖的人尽量穿面积小、排列密度高的面料做成的服装，而偏瘦的人尽量穿面积大、排列密度小的面料做成的服装。

第三招：运用面积错觉，手动拥有小蛮腰。

假设A线条很细，B线条很粗。两根A线条之间的距离与两根B线条之间的距离相同，在对比的作用下，两根A线条之间的距离看起来会比两根B线条之间的距离更大。因此，对于同一个人来说，面积更大的A字裙能够使身材看上去更瘦小。所以，当你对自己的身材不够自信时，相比于包臀裙，A字裙或许是更好的选择。

第四招：运用分割错觉，玩转条纹变修长。

赫尔曼·赫尔姆霍茨研究表明，在两个面积完全相同的正方形中分别加入两条间距相等平行线，竖向平行线围出的面积比横向平行线围出的面积看起来更大。因此，他贴心地在其《生理光学手册》一书中向时尚界提出建议——穿横条纹的衣服更能显出身材的高挑，当然前提是窄条纹。

第五招：运用知觉选择性，"遮"出完美好身材。

当人观察物体时，会基于经验主义或不当的参照物形成错误的判断和感知。"知觉选择性"让我们的视觉系统具有脑补的能力，会根据已知假想未知。很多衣服被设计成不长不短的七分袖就是基于"知觉选择性"原理。利用这个错觉，我们在穿衣时就可巧妙应用"遮盖"艺术。大腿有"肉肉"，穿长裙进行遮挡，只露出细嫩的小腿；小腿也是"肉肉"，那么，你就只露脚踝！记住，不要全露，不要全捂，要露就露最细的，要遮就遮最粗的。

第六招：运用图底转换错觉，为身体打上高光和阴影。

丹麦心理学家鲁宾发现，我们在感知事物的时候绝对不是孤立的，会受到周围多种环境因素的制约,这就是图底转换错觉。图底转换错觉用在服装设计中则是,通过不同图案间共用的线条区分服饰轮廓,达到人体塑形的效果,使人看起来更具曲线美,轻松达到对身材的期望状态。

——资料来源:"印客美学"公众号,有删改

课堂互动

1. 阅读下面这则案例,分析小王的尴尬来自何处。

小王是一名刚入职的应届毕业生。由于所在公司对着装有要求,小王每日须着正装上班。为此,小王特意定做了几套合身的西装以供日常上班时穿。他也非常爱惜自己的"战袍",无论是几粒扣的西装,他都会将扣子全部系上,以最好的面貌迎接每一天的工作。但有一日,同事悄悄告诉他,他的西装穿错了,小王因此觉得特别尴尬。

2. 请结合服饰礼仪帮小李出谋划策。

小李任职于某外贸公司,常与外资企业有业务往来。近日,她收到了一张活动邀请卡,看见上面写着"Black Tie Party(正式晚宴)",这让小李为参加该活动的着装犯了难。

3. 阅读下面案例谈谈你是怎样理解"小处不可随便"这个问题的?

在大学食堂进餐也有许多要注意的地方。就餐时要保持安静,文明就餐,不得大声喧哗,不得随意奔跑,要注意安全,防止相互碰撞或烫伤。珍惜粮食,不挑食,不厌食,不要浪费。保持食堂卫生,不准随地吐痰、乱扔杂物。要尊重工作人员的劳动,适时对他们为大家的服务表示感谢。如果对餐厅有意见,须通过老师向其提出,禁止与食堂工作人员发生争执。

4. 试从服饰角度分析这位女职员成功的原因。

有位女职员是财税专家,她有很好的学历背景,常能为客户提供很好的建议,在公司里的表现一直很出色。但当她到客户的公司提供服务时,对方主管却不太注重她的建议,她也就失去了发挥才能的机会。 一位时装设计师发现这位财税专家在着装方面有明显的缺陷:她26岁,身高157厘米、体重43千克,看起来机敏可爱,喜爱着童装,像个小女孩,其外表与她所从事的工作相距甚远,所以客户对于她所提出的建议缺少安全感、信赖感,导致她难以实现她的创意。这位时装设计师建议她用服装来展现学者专家的气质,用深色的套装,对比色的上衣、丝巾、镶边帽子来搭配,甚至戴上重黑边的眼镜。女财税专家照办了,结果,客户的态度有了较大的转变。很快,她成为公司的董事之一。

温馨小提示

情绪低落时的穿衣指南

美国著名心理学家杰克·布朗称：适当地选择衣服,有改善情绪的功效。他根据有关"试验"和跟踪调查的结果,证实了其理论是正确的。他认为,称心的衣着可松弛神经,给人一种舒适的感受。所以在情绪不佳时应该注意以下四"不"。

（1）不穿易皱的麻质衣服。不少专家认为,在情绪欠佳的日子里,不要穿容易皱的麻质衣服。易皱的衣服看起来一团糟,会使人心理上产生一种很不舒服的感觉。

（2）不穿硬质衣料做的衣服。硬质衣料做的衣服会让人感到僵硬和不快。此时最好是穿质地柔软衣料（如针织、棉布、羊毛）做的服装。

（3）不要穿过分紧身的衣服。过分紧身的衣服会造成压迫感。对于女性来说,一定要避免穿窄裙、连裤袜和束腰的服装,尤其不要穿紧身牛仔装,否则会加重情绪上的压抑感。而穿宽松的服装会令人呼吸轻松、血液循环畅通,使不良情绪得到缓解。

（4）不系领带。不系领带能减轻束缚的感觉。

任务4：办公室形象设计

职场礼仪专家薛莉认为,无论男性还是女性,在办公室的穿着打扮都可能影响到其人际关系的建立,如果穿着打扮与工作环境、氛围不相匹配,往往会成为与同事相处交流的障碍。

一、仪容礼仪

（一）脸部

★**男士重在"洁"。** 男士们,请记得别留胡须,保持脸部整洁哦!

★**女士重在"雅"。** 女士们,请记得不要浓妆艳抹哦! 也请别戴过多饰品,别用气味强烈的化妆品,不能在工位上化妆。

（二）头发

（三）个人卫生

——五勤

这样的发型可不行哦！

★**男性：** 发不过领；不留怪发型；不染发。

★**女性：** 长发束住或盘起，前发不遮眼，后发不披肩；不染发。

★ 勤洗脸、修面；

★ 勤洗头、理发；

★ 勤洗手、修剪指甲；

★ 勤洗澡；

★ 勤擦鞋、洗袜。

拓展阅读

头发与饮食

中国人以头发乌黑为美，黑发更是青春的标志之一。从中医理论上讲，肾气盛则发乌黑有光泽，肾气虚则发稀而枯黄。所以，美发应从补肾入手，多吃些含维生素、微量元素、蛋白质的食物，如绿色蔬菜、水果、鱼、鸡、猪肉。头发枯黄或过早变白，应多吃动物肝脏、黑芝麻、核桃、葵花籽、黄豆等。头发脱落过多应补充蛋白质以及钙、铁、硫等多种微量元素，如黑豆、蛋、奶、松仁等食物；头皮屑过多可多吃含碘丰富的食物来改善，如海带、紫菜、海鱼。

脸型与发型

要根据自己的脸型选择一个你喜欢而又适合于你的发型。方脸型的男性最好采用不对称发缝，不要理寸头；方脸型的女性可尽量增多顶发，发缝侧分，并把蓬松卷曲的刘海儿往两边太阳穴梳，或在颈部结低发髻，或留披肩发，让头发披在两颊上，以减少脸的宽度。长脸型的男性头发宜稍长。长脸型的女性适合采用自然而又蓬松的发型，可加厚面部两侧的头发，削出层次感，并用刘海儿遮盖住部分前额；圆脸型可选择垂直向下的发型，最好侧分头缝，顶发适当隆起，头发遮挡面部两侧，尽量不要留刘海儿；"由"字脸型的人额窄腮宽，发型应上厚下薄，顶发丰隆，前额尤其是鬓角用头发遮盖一下；"甲"字脸型的人额宽颚窄，头发宜侧分，选择不对称式短发型，露出前额，并适当增加双耳以下的发量。

皮 肤 的 护 理

正确地分析自己的皮肤属于何种类型,是做好护肤的前提。如何知道你属于哪种类型的皮肤呢?下面我们就来了解一下不同类型皮肤的特征和护理方法。

1. 干性皮肤

特征:缺水,皮脂腺分泌少,没有油腻感。皮肤表面干巴,有紧绷感,并有细小的皱纹出现;毛孔较小,长时间风吹日晒,皮肤就会发红和起皮屑;在寒冷、干燥季节里,还容易皲裂。干性皮肤触觉较粗糙,有干涩的感觉,易老化。

护理:干性皮肤的人,可以在浸泡玫瑰的水中加入几滴蜂蜜,沾湿整个面部,用手拍至干燥。每晚这样拍2～3次,便能滋润面部,使之光滑细腻。洗脸时最好选用含甘油的香皂或洗面奶清洗,因甘油有保湿的作用。

清洗后要使用有保湿和滋润功效的护肤品护肤,可给干性皮肤增加油脂保护,减少水分蒸发,使皮肤柔软。

2. 中性皮肤

特征:中性皮肤的皮脂和水分分泌适中,所以,是质感最好的一种皮肤。皮肤不干燥不油腻,质感结实光滑、柔软、有弹性,红润有光泽,皮肤组织既无粗大的毛孔,又无过多的油脂,基本无瑕疵。

护理:中性皮肤虽好,也需护理。主要是保持水油平衡,否则会逐渐变成干性或油性皮肤。洗脸时可用护肤皂或含丙二醇的洗面奶,因丙二醇可使皮肤长时间保湿,防止水分流失。另外还可以在晚上用冷水洗脸后,再用水蒸气蒸脸片刻,然后轻轻抹干。

护肤品可使用滋润保湿的即可。

3. 油性皮肤

特征:油性皮肤毛孔粗大,皮脂分泌过多。而且由于皮脂分泌过多导致毛孔堵塞,生出面疱。但油性皮肤不易出现皱纹。

护理:由于油性皮肤分泌油脂过多,皮肤容易附着灰尘和污垢,所以要经常清洗,以免毛孔阻塞。油性皮肤的人一定要用温水洗脸,而且可在洗脸时在热水中加几滴白醋,能有效地清洁皮肤上过多的皮脂、皮屑和尘埃,使皮肤显得光洁,并减轻毛孔阻塞。

4. 混合性皮肤

特征:混合性皮肤即一个人的面部同时存在两种类型皮肤的特质,在"T带"是油性皮肤(大多数人在"T带"油脂分泌较多,特别是在中午更加旺盛,甚至会泛油光),"T带"以外的部分偏干。

护理:混合性皮肤洗脸时,重点清洗"T带",护理时要控制"T带"的油脂;对干燥的两颊要注意保湿。

注意:无论何种肤质,洗脸以温水为宜。过热会使毛孔扩张,天长日久易使皮肤松弛产生皱纹;过凉则会使皮肤毛孔收紧,皮肤变黑变粗。洗脸不仅是清洗面部的灰尘,更是清除皮肤在新陈代谢中出现的老化的角质。

无论对于何种类型的皮肤,我们在面部清洁后,要及时补充在洗脸后皮肤流失的水分、油脂和角质层内的天然保湿因子(NMF)等物质,使肌肤恢复原来的状态。

化妆的基本步骤

1. 洁面

用温水及适合肤质的洗面奶彻底洗去脸上的油脂、灰尘、汗水以及残妆等污垢,以使妆面光艳美丽。

2. 补水

洗完脸后的皮肤,由于油脂与污垢一起被洗掉,因此感觉较干涩。为了使皮肤恢复原来的状态,需要用化妆水及时补充水分,以收缩毛孔、绷紧皮肤,使之易于上妆。

3. 搽营养霜或隔离霜

其目的是保护皮肤,使其免受化妆品的刺激,并使粉底霜易于涂敷。为防止细菌滋生,可用刮刀取适量面霜,约两粒黄豆大小,将面霜先在掌中温热再敷于脸上,可提高面霜渗入肌肤的能力。用指腹由额头、两颊、T带、下巴的顺序轻轻按摩,将面霜抹开。用脸部残留下来的面霜自下而上按摩颈部,用力不能过大。

选择两种以上与自己皮肤相协调的粉底霜,涂在不同的部位,可以增加脸部的立体感。如在上额、鼻子、下巴上涂上浅色粉底;在太阳穴、鼻翼两侧、双颊凹陷处涂上深色粉底,使脸部呈现立体感。

4. 画眉

用修眉刀将眉头至眉尾周围的汗毛刮掉。再用眉笔,顺着眉毛生长的方向一道道描画。最后,用眉梳整理眉毛,让画上的眉与自己的眉融合在一起。

5. 画眼线

沿睫毛根部,以竖切的方式从前眼角向后眼尾延伸,画到黑眼球外加宽,但要注意眼尾的眼线处理要细致,颜色由深到浅。再从后眼尾回扣至前眼角,注意眼球中部的宽度。

6. 涂眼影

用较深色眼影刷在最贴近上睫毛处,中间色刷在稍高处眼尾晕染,浅色刷在眉骨下。着色由浅入深,并巧施亮色以增加眼睛的立体感。

7. 上睫毛膏

用睫毛夹子夹住睫毛向上翻卷,从根部到尖部刷上睫毛膏。为了增加浓度和长度,可在稍后再刷两遍,最后用小梳子梳一下。

8. 涂腮红

用胭脂扫或指腹将胭脂涂抹在微笑时面部肌肉的最高点,然后向耳朵上缘方向抹一斜条,将边缘晕开。

9. 定妆

用粉扑蘸上干粉轻轻地、均匀地扑在妆面上,只需扑薄薄的一层,以起到定妆的作用。这可以使妆面柔和,吸收粉底过多的光泽。扑好粉后,用大粉刷将妆面多余的粉扫掉。

10. 涂口红

用唇线笔画好唇形,再涂唇膏,可用唇刷涂,也可以用棒式唇膏直接涂。口红的颜色应与眼影及服装协调。若想持久,可用纸巾轻轻按一下再扑上透明粉,再涂一次唇膏。

妆化好后,要在离镜子50厘米处审视自己,对脸部妆容及全身的协调做出正确的判断。化妆属于私事,应在私密的环境中进行。有些人过分在意自己的形象,在公共场合也时不时拿出化妆盒修饰一番,一副旁若无人的样子,这是没有教养的行为。有必要补妆时,一定要到洗手间去完成。

二、服饰礼仪

作为一名职场人士,学会在不同的场合装扮自己,不仅体现了个人的气质、品位,同时也维护了公司的整体形象。

(一)服饰礼仪基本原则

(1)适体性原则。 形象设计应吻合个体自身的性别、年龄、容貌、肤色、身材等特点,与体型、个性、气质及职业身份等相适宜和相协调。

（2）TPO 原则。

T——时间（time）、P——地点（place）、O——场合（occasion），即要求形象设计因时间、地点、场合的变化而相应变化，使个体形象与时间、环境氛围、特定场合相协调。

（3）整体性原则。

形象设计要先着眼于人的整体，再考虑各个局部的修饰。形象设计的目的是促成修饰与人自身的诸多因素之间协调一致，使之浑然一体，营造出整体风采。

（4）适度性原则。

形象设计应把握分寸，自然适度。追求虽刻意雕琢却不露痕迹的效果。

（二）办公室服饰礼仪要求

（1）符合身份。

明确身份，在正式场合的着装，应注意避免：

① 杂乱。着装应按规范着装，不可自行混搭。如正装西服不能搭配牛仔裤。

② 鲜艳。色彩过分鲜亮花哨。

③ 暴露。工作场合一般强调六不露：一不露胸；二不露肩；三不露腰；四不露背和脐；五不露脚趾；六不露脚跟和大腿。

④ 透视。

⑤ 短小。

⑥ 紧身。

（2）重在避短。职场着装，不为扬长，旨在避短。

（3）注意场合。

（4）遵守成规。办公室着装以"庄重保守"为宜。一般情况下，可以遵循"三色原则"，即正装的色彩在总体上控制在三种颜色之内。

（5）整洁协调。

职场着装要遵守服装本身约定俗成的搭配。如穿西装时，应配皮鞋，而不能穿布鞋、凉鞋、运动鞋等，否则不协调。

服饰要干净整洁。服装不折不皱，无污渍、油渍、汗味等，平整无残缺。如休闲西服袖子上有补丁装饰的，在正式场合不能穿着。

（三）办公室女性服饰礼仪

以大方、舒适、便于行动为要，应以套装或衬衫搭配裙子为宜，一般选择质地和垂感好的面料。套装色彩一般以黑色、藏青色、灰褐色、灰色和暗红色为佳。衬衫的颜色没有严格限制，最常见的是白色、黄白色和米色。

中方巾系法

这样的服饰都可以选择哦！偶尔我们也不妨选择适度亮丽的色彩，为无色的办公室增添一抹光彩。

（四）办公室男士服饰礼仪

正式场合，男士一般以穿西服为宜。男士穿上合体的西服会显示出一种庄重与潇洒。男士穿着西服应注意以下要素。

长丝巾系法

（1）讲究规格。西服有两件套、三件套之分，正式场合应着同质、同色的深色毛料套装。两件套西服在正式场合不能脱下外衣。西服里面一般不穿毛背心或毛衣，西裤的裤线任何时候都应熨烫挺直。

（2）衬衫搭配。西服衬衫搭配有五大原则。

① 干净平整。领子挺括、干净无污渍。

② 浅色系。一般以蓝色、白色为佳。

③ 纯棉加厚。

④ 袖长一指。一般衬衫衣袖要稍长于西装衣袖0.5厘米～1厘米。

⑤ 领高两指。领子高出西装领子1厘米～1.5厘米，以显示衣着的层次。

（3）领带选用。西装脖领间的"V"字区最为显眼，领带应处在这个部位的中心。领带面料最好选择真丝面料，图案一般选用小巧的几何印花图案，或涡旋纹、条纹图案。

系领带的规范要求如下。

① 领结要饱满,与衬衫的领口吻合要紧凑。

② 领带的长度以系好后下端正好在腰带上端为标准。

③ 领带结的大小应与所穿的衬衫领子的大小成正比。

④ 领带夹一般应夹在衬衫第三粒与第四粒扣子之间,在西装系好纽扣后,领带夹不能外露。

选择领带时,色彩恰当很重要。不同色彩的领带往往传递着不同的信息。

温馨小提示

一般情况下,灰色系列的服装可以与任何花色的领带搭配;浅色西服应配深色衬衣,再配一条与西装的色彩、明度相近的领带;浅色、明度高的西装,系灰红色系列的领带,会显得特别温情;深蓝灰色西装,配白衬衣、浅蓝紫色的领带,显得稳重、精干、可信;穿白色或素色的衬衣,很适合配有图案的领带。

(4)衣袋装饰。西装上、下衣的口袋很多,但不能随便装东西。一般上衣外面胸部左侧的口袋是专门用于装装饰性手帕的,上衣外面腹部左右两边的口袋只作装饰用,一般不放物品。上衣左侧内袋可装记事本、钱包,右侧内袋可放名片等。背心的四个口袋用于存放珍贵的小物件。西裤前面的裤袋亦不装物品,可用于插手,但行走时一定要把手拿出来;右边后裤袋用于放手帕,左边后裤袋用于放平整的零钱或其他轻薄之物。穿西裤要保持臀位合适、裤形美观。

(5)纽扣系法。单排扣的西服扣子可以全部不扣,显得潇洒;一般不将全部扣子都系上。

单排两粒扣的上装,一般只扣上面一粒;三粒扣的,则扣上边两粒。

双排扣的西服要把纽扣全部系上,以示庄重;就座时可将最下面的扣子解开。

（6）鞋袜匹配。

穿西服一定要穿皮鞋，裤长以盖住皮鞋鞋面为宜。男性的皮鞋最好是黑色或与衣服同色，正式场合一般选用黑色、无花纹、系带的皮鞋，不穿旅游鞋、轻便鞋、布鞋或露脚趾的凉鞋。

袜子以到小腿中部为佳，以免坐下后露出腿上的皮肤和汗毛；材质以棉袜为好，颜色应为黑色、棕色或藏青色。也可选用与西裤相同或相近颜色的袜子。

（7）腰带选择。一般选择纯皮的腰带，颜色应为黑色、棕色或暗红色，并与包和鞋的颜色一致。皮带扣以简洁为上。

课堂互动

1. 小孙入职后很长一段时间里，都因穿得像个学生而被办公室同事开玩笑。"我总是爱穿连帽衫加运动裤，他们就嘲笑我上班是来练跑步的。但换上了成熟一些的职业套装，同事们又开玩笑说我太一本正经，弄得我一头雾水。"如果你是小孙，你会怎么做呢？

2. 下面是电视连续剧《北京爱情故事》第一集中程峰与朋友在咖啡馆点评他父亲的公司中财务总监女硕士的一段话，你觉得他的点评准确吗？为什么？

你们看她，外套应该是动物园的货，周身没有首饰，这足可以说明经济上她自力更生，艰苦创业；衬衣扣只解开一颗，说明她较为保守；紧腿牛仔裤加波鞋，说明她对时尚的追逐。注意，看她的袜子，女人的袜子总会暴露她们的秘密。她的袜子是黑白条的，配有细小的卡通图案，这说明她并不像表面上那样呆板严谨，她内心渴望浪漫，童话色彩浓郁的相遇方式会适合她。她走路的姿态体现出她的自我欣赏，而坐下来的样子又显示出她的防范意识强烈，且自我节制。而刚刚她经过我们的时候，在空气中余留下的是伊卡璐洗发水的味道，而不是什么香水味。综上所述，她是一个外表冷漠内心狂热、对物质追求不过度热衷、对精神层面关注多于虚荣、对爱情充满幻想、对未来满心期待、为真命天子到来而时刻准备着的非典型都市单身小白领。

男士领带的十种系法

1. 平结（plain knot）

平结是男士们选用最多的领带打法，几乎适用于各种材质的领带。完成后领带呈斜三角形，适合窄领衬衫。

温馨提示：该领带打法的宽边通常在左手边，也可换右手边；尽量让两边均匀且对称。

领带系法

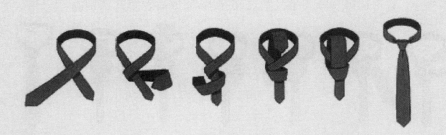

2. 双环结（double knot）

一条质地细致的领带再搭配上双环结颇能营造时尚感，适合年轻的上班族选用。

温馨提示：该领带打法的特色就是第一圈会稍露出于第二圈之外，千万别刻意把第一圈给盖住了。

双环结系法

水手结系法

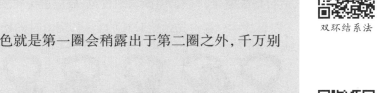

3. 交叉结（cross kont）

交叉结的特点在于打出的结有一道分割线，看起来非常时髦，喜欢展现流行感的男士多使用"交叉结"。该结适合单色素雅、质料较薄的领带。

温馨提示：注意按步骤打完的领带是背面朝前。

4. 双交叉结（double cross knot）

双交叉结很容易体现男士高雅且庄重的气质，适用于正式活动场合。该领带打法多用在素色且丝质的领带上，若搭配大翻领的衬衫更会增添一种尊贵感。

温馨提示：宽边从第一圈与第二圈之间穿出，完成后领结充实饱满。

5. 温莎结（windsor knot）

温莎结因温莎公爵而得名，是最正统的领带打法。打出的结呈正三角形，饱满有力，适合搭配宽领衬衫。因该领结较宽，故应避免材质过厚的领带，领结也勿打得过大。

温馨提示：宽边先预留较长的空间，绕带时的松紧程度会影响领带结的大小。

6. 亚伯特王子结（the prince albert knot）

亚伯特王子结适用于浪漫扣领及尖领系列衬衫，宜搭配质料柔软的细款领带。

温馨提示：宽边先预留较长的空间，并在绕第二圈时尽量贴合在一起，即可完成此一完美结型。

7.简式结（simple knot，马车夫结）

这种领带结非常紧，流行于18世纪末英国的马车夫中，其特点在于先将宽边以180度由上往下扭转，并将折叠处隐藏于后方完成打结。待完成后可再调整其领带长度，在外出整装时方便快捷。适用于质地较厚的领带，最适合打在标准式及扣式领口的衬衫上。

温馨提示：在所有领带的打法中最为简单，非常适合在商务旅行时使用。

8.浪漫结（trend knot）

浪漫结是一种完美的结型，领带结的大小能够自由调整，领带下端的长度也能根据实际需要调整。领带结形状匀称、领带线条顺直优美，容易给人留下整洁严谨的良好印象。适用于各种浪漫系列的领口及衬衫。

温馨提示：领结下方的宽边压以皱褶可缩小其结型，也可将窄边左右移动使其小部分露出于宽边领带旁。

9.半温莎结（half-windsor knot，十字结）

半温莎结是一个形状对称的领带结，系好后的领结通常位置很正。最适合搭配浪漫的尖领及标准式领口系列衬衣。

温馨提示：使用细款领带较容易打此结，适合不经常打领带的人。

10. 四手结（four-inohand knot）

最便捷的领带系法，通过四个步骤就能完成打结，故名为"四手结"。 适合宽度较窄的领带，搭配窄领衬衫，风格休闲，适用于普通场合。

温馨提示：同平结。

项 目 实 训

1. 请判断你自身的体型，并为自己设计一份着装方案。

我的服饰小档案

（1）我的肤色、我的个性与我适合的色彩。

（2）我的脸型与我适合的衣领。

（3）我的体型与我适合的款式。

我 的 穿 衣 经

（1）我是白领，我在办公室穿的服饰是……

（2）我是游客，我正与朋友在野外郊游，我穿的服饰是……

（3）现在，我穿的服饰是……

（4）我的理由。

（5）自我评价。

---

2. 请利用彩笔、彩纸或有色碎布为下面的2位模特进行打扮,使他们成为最佳主角,并介绍你的设计理念。

（1）我的模特所处的场合。

（2）我的模特所处的季节。

（3）我的设计特色。

3. 根据前面提供的小孙照片,你能帮小孙设计一份服饰搭配方案吗?

小孙的基本资料:

她的肤色:象牙白,光泽度好。

她的眼睛:明亮、有神。

她的发质:柔软偏黄。

她的脸型:圆脸。

她的身材:纤细、修长,但缺少明显的凹凸感。

我的服饰搭配建议:

（1）她适合的色彩。

（2）她适合的衣领款式。

（3）她适合的服装款式。

模块实训
——"我行我秀"班级风采大赛

 项 目 说 明

一、项目实施目的

本项目主要考查形体礼仪、服饰礼仪、个人风采展示能力、团队合作等。学生通过本项目的实施,能够正确按照个人形象特点和礼仪要求,进行仪容、服饰、仪态的判断以及分析、评价。

二、项目开展方式

本项目以小组为单位,要求各小组以小组成员的个性特点为依据,自拟小组展示的主题。每个小组根据主题选择相应的服饰与音乐。

三、项目实施建议

本项目以教学班级为单位进行,参与项目的人数一般控制在100人以内,以6~8人为一小组开展为宜。

项 目 实 施

项目实施的整个过程可分为项目准备阶段、项目实施阶段和项目总结阶段。

一、项目准备阶段

（1）项目指导教师提前两周告知学生项目实施的目的、要求等，并要求学生自行分组和准备。

（2）项目指导教师应根据班级学生人数，准备合适的形体训练室。

（3）项目指导教师应提前一周决定小组风采展示的先后顺序。可由小组间互相商定，也可小组间抽签决定。

（4）项目指导教师应提前一周说明项目实施的基本规则和操作步骤。

（5）每个小组自定一名成员参与项目实施阶段的评分、考核。

（6）制定评分标准。

二、项目实施阶段

（1）小组按照事先认定的先后顺序登台展示。

（2）每个小组在展示完毕后，由组长说明本小组的主题及选择展示服饰、动作、音乐的原因。

（3）项目指导教师与其他小组评判人员根据需要提问，提问与回答时间总计不超过2分钟。

（4）项目指导教师与其他小组评判人员打分。

（5）每个小组的项目开展时间一般控制在8分钟以内。

（6）根据学生的具体表现，项目指导老师与小组评判成员一起评定小组成绩，一般可以有最具风采奖、最佳表现奖、团队合作奖等。

三、项目总结阶段

（1）项目指导老师从知识的掌握、技能的形成及学生的表现出发，对整个项目做总评。

（2）学生对项目实施过程进行点评与反思，并形成项目实训报告。

报告内容包括：① 项目名称；② 小组成员；③ 展示的主题；④ 自我评价：⑤ 他人评价；⑥项目反思。

项 目 实 施 条 件

（1）形体训练室或桌椅可移动的教室，有T型台或表演舞台更佳。

（2）多媒体设备：有能满足教学示范要求的视频、音频设备。

注 意 事 项

（1）项目实施期间，要求学生遵守纪律，尊重指导教师，虚心求教。

（2）参与项目的学生必须按时参加，不得擅自提前结束或不参与项目。

（3）切实做好项目安排和项目记录，对项目实施过程中出现的问题，应及时记录。

附：

项目评分标准

组 别	评 分 标 准						总分
	主题健康向上有内涵（10分）	形体优美健康，动作协调有美感（20分）	服饰穿着符合主题需要（20分）	音乐的选择能充分服务主题（20分）	小组配合度高（20分）	对主题理解良好，问题回答礼貌周全（10分）	
第一小组							
第二小组							
第三小组							
……							

附：

时装秀主持稿

女士们、先生们：

大家好！我是主持人吴崇毅。下面，我宣布：W602311网络班时装秀现在开始！

下面请欣赏第一组的同学的展示，他们给我们带来的是"花样年华"。

秋季是最舒适的季节，也是适合旅游的季节，出去游玩一定要穿得漂漂亮亮、舒舒服服，所以这个秋季，我们要舒适、休闲加自由！

首先出场的是杨小飞同学，你看她着通勤风格的大V领宽松蝙蝠毛衣开衫，大方得体，面料舒适，而偏暖的米色又给人以优雅、清爽的感觉，纯净浪漫，极具干净、含蓄气质，还可四季百搭又显简洁，在这桂花飘香的时节，更有洒脱的韵味。

接下来，迎面走来的是阮萍萍同学，她身上所穿的这件淡蓝色衣服，给人的感觉既文静又大方，外面这层蕾丝，可爱又朦胧婉约。下身搭配是米色的休闲裤，淡色相配更适合这个暖暖的季节。

第三个出场的是王亚媛同学，纯白针织端庄典雅，自然、时尚与优雅融为一体，前卫而不失典雅，时尚兼顾休闲。另外白色更显干净、朴素、大方，搭配蓝色牛仔，更显温馨淡雅，为这个略带凉意的秋季平添了一丝丝的暖意。

现在朝我们走来的是严慧芳同学，她身穿雪花牛仔衬衫连衣裙，水洗做旧的效果，袖子可挽起扣住，肩膀处宽松，直筒长款，整个版型宽松，配上一根腰带，搭配黑色打底裤穿，帅气有型，再搭上一双平底鞋，整体搭配既舒适，又随性。天气冷了，可以搭配毛衫，又是另外一种感觉。

接下来出场的是张君芬同学。风衣是微凉秋季不能缺少的服装之一。休闲的军装风格英气十足，酷感搭配让她独特率性的魅力油然而生。里面配一条黑色短裙，脚上配上一双白色单鞋，帅气中又带有一点甜美。

第一小组最后一位出场的是朱梦静，黑白点缀的上衣，不会因为过白而显得单调，更不会因为过黑而显得沉闷。无须任何修饰，便可给人大气的感觉，而在这个秋高气爽的季节，长袖配上蓝色的牛仔，更是一种休闲的韵味。

欣赏完了第一小组的精彩表演后，接下来我们听听评委怎么说。有请评委提问。

……

在今天这个潮流风尚的时代，每一期都有鲜明独特的服装款式，然而有一种服装永不落后。那就是——衬衫！无论你是何种体型，白衬衫毋庸置疑是必需品，搭配任何颜色的西装都很协调，也容易给人朝气、干净之感，而不会过于萧瑟无光。接下来让我们一起欣赏由第七小组带来的"风情衬衫"。

首先出场的是沈梦佳同学，小白衬衫、圆下摆，充满童真与青春气息，搭配学院风百褶裙，单调的白衬衫立马变得内涵丰富。

胡梦霞的长版纯白衬衫配上了一根黑色粗腰带，既高贵又女人味十足。再加上包裹住美好腿型的丝袜和镂空高跟鞋，简直就是一名既性感又符合职场规范的现代职业女性。

赵秀如的衬衫经过穿着者的精心改版后，简单的白衬衣成了优雅的小礼服，更加突显身材，充满着性感与妩媚。

李丽美将丝巾在胸前打一个大的蝴蝶结，随意地搭着，看上去分外的甜美，让人想到了美丽的空姐们，精致又不失可爱。

第七小组将简单的衬衣穿出了千种风情和韵味，简直就是一场创意与视觉的盛宴。接下来我们来听听评委们的点评。

……

第八组"自由风"展示。

美好的时光总是特别短暂，两节课的时间匆匆而过。在这两节课中，同学们勇敢地展现了自我，也展现了我们对体型与服装搭配的理解。我们相信，通过这次实训，我们对"服饰美"的理解会更加深刻，我们的穿衣搭配也会更加得体、美观。W602311网络班的时装秀圆满结束！谢谢同学们，谢谢评委！让我们的生活处处有"美"！

模块三 职场日常交际

我的地盘谁做主
——走进办公室

情景导入

中午休息时分，同事们都在自己的座位上闭目打盹休息。小孙的手机突然响了起来。搞怪的手机铃声让同事们忍俊不禁。小孙接起了电话，是大学时的好朋友打来的，向小孙"控诉"公司主管的"惨无人道"，并相约周末一起逛街购物。小孙的这通电话打了大约半小时。

毫无疑问，小孙的这通午间电话，已严重影响了他人的休息。公司里和她要好的同事告诉她，已经有同事对此抱怨，并表示小孙太不懂礼貌了。

遵守办公室的礼仪不仅是对同事的尊重和对公司文化的认同，更是每个人有良好职业素养的最直接表现。办公室礼仪涵盖的范围很广，接打电话、接待、会议、公关、沟通等都属于这一范围。

项 目 设 定 与 分 析

职场"菜鸟"变形记

　　小孙在经过了这件事后,接打电话就注意了很多。慢慢地,她发现以前在学校里习以为常的行为,在办公室里好像都行不通了。小孙决定改变自己以往的不良习惯,实现职场"菜鸟"的华丽转身。

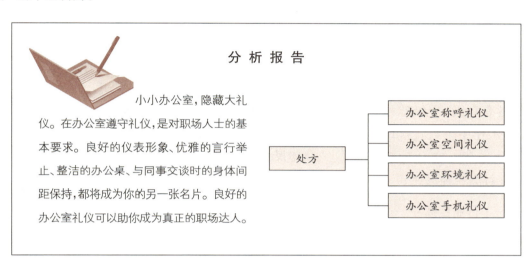

分 析 报 告

　　小小办公室,隐藏大礼仪。在办公室遵守礼仪,是对职场人士的基本要求。良好的仪表形象、优雅的言行举止、整洁的办公桌、与同事交谈时的身体间距保持,都将成为你的另一张名片。良好的办公室礼仪可以助你成为真正的职场达人。

处方 —— 办公室称呼礼仪
办公室空间礼仪
办公室环境礼仪
办公室手机礼仪

项 目 实 施

任务1：办公室称呼礼仪

　　称呼指的是当面招呼或背后指称用的表示彼此关系或对方身份的名词。称呼是人际交往的开端。称呼既是表示尊重,同时又是表示关系远近和进行角色定位的重要工具。在人际交往中,选择准确、适当的称呼,反映着自身的教养、对对方尊敬的程度,甚至还体现着双方关系发展的程度和社会风尚,因此称呼不能随便乱用。

　　选择称呼要合乎常规,要照顾被称呼者的个人习惯。在职场中,人们彼此之间的称呼是有其特殊性的,要庄重、正式、规范。

　　一、称呼的分类

　　（一）职务性称呼

　　这是最常见的一种称呼。以交往对象的职务相称,以示身份有别、敬意有加。这种称呼主要有三种形式。

经理您好，您慢走。

- 只称职务：董事长您好！（路上相遇）
- 姓+职务：欢迎王董讲话！（公司例会）
- 姓名+职务：热烈欢迎王明董事长致辞！（十分正式的场合，如公司年终大会）

（二）职称性称呼

对于具有职称者，尤其是具有高级、中级职称者，在工作中可以直接以其职称相称。这种称呼主要有右侧三种形式。

- 只称职称：教授您好！（不了解）
- 姓+职称：欢迎王教授讲课！（普通场合）
- 姓名+职称：让我们用热烈的掌声欢迎王明教授讲课！（十分正式的场合）

（三）行业性称呼

在工作中，有时可按行业进行称呼。对于从事某些特定行业的人，可直接称呼对方的职业，如"老师""医生""会计"和"律师"，也可以在职业前加上姓氏、姓名。

（四）性别性称呼

对于在商界、服务性行业工作的人，一般约定俗成地按性别的不同分别称呼"小姐""女士"或"先生"。"小姐"一般指未婚女性，"女士"一般指已婚女性。

（五）姓名性称呼

在工作岗位上直接称呼姓名，一般限于同事、熟人之间。

- 直呼其名。
- 前缀+姓，如老王、小章。
- 只称其名，不呼其姓。通常限于关系较亲近的人之间。

二、称呼的原则

- 遵守常规。
- 区分场合。
- 入乡随俗。
- 尊重个人习惯。

三、不宜采用的称呼

- 无称呼,如"哎"。
- 替代性称呼,如"刘罗锅"等不雅的外号或"美女""帅哥"等无明确指向性的称呼。
- 容易引起误会的称呼,如"阿姨""师傅"。
- 生活性称呼,如"王叔""李婶""张大伯"。
- 不适当的简称,如"明""丹"等昵称。

课堂互动

1. 小王是刚刚入职的职场"菜鸟",上班第一天,面对着初次见面的办公室同事,她该怎么称呼才不会出错呢?

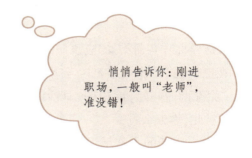

悄悄告诉你:刚进职场,一般叫"老师",准没错!

2. 小刚和部门罗经理共事三年,一直搭档得不错。可是最近由于罗经理的一次工作疏忽给公司造成比较大的经济损失,导致公司最高层决定免去其部门经理的职位,具体给其安排什么新岗位还需要公司最高层研究后决定。在此期间,新的部门经理到岗。小刚作为罗经理的老部下,觉得如果还称其罗经理,新经理听到后会不高兴;若直接叫罗经理姓名,又觉得罗经理刚刚进入职业低潮,正不痛快,转口这么快大家会认为自己为人太势利。小刚进退两难,尤其是在新旧经理同时在场时更觉得尴尬。

小刚该如何称呼曾经的罗经理呢？

3. 刘师傅年近六十，工作经验丰富，在同事中的口碑也不错，但职位却不高。单位里的胡总经理比他后入职很多年，年纪也不大，还曾经跟刘师傅学过徒。两个人每次碰面都有些不自在。刘师傅有时候称其"胡总"，但怕让人听到以为他在说反话，话里带着刺。后来刘师傅认为自己年纪不算小了，也即将退休，索性就直接以"小胡"称呼胡总经理。

刘师傅该怎样称呼胡总经理呢？

4. 在广告公司上班的王先生与公司门卫的关系处得很好，平时进出公司大门时，门卫都对王先生以王哥相称，王先生也觉得这种称呼很亲切。这天王先生陪同几位来自香港的客人一同进入公司。门卫看到王先生一行人，又热情地打招呼道："王哥好！几位大哥好！"谁知随行的香港客人觉得很诧异，其中有一位还面露不悦之色。

门卫这样称呼有何不妥，应该如何称呼？你能示范表演吗？

5. 在电视剧《二十不惑》中，姜小果根据口红色号总结出了"如何称呼职场前辈"的经验：涂红调的叫姐，涂粉调、豆沙调的不叫姐；厚涂的叫姐，薄涂的不叫姐；不涂的叫哥。对此，你怎么看？

6. 刚进入职场的小贺最近在单位里遇上了难题。小贺说，小李是和自己同一批进单位的同龄人，可是，小李的爸爸也在同一单位工作。按道理，自己应该称呼小李的爸爸为"叔叔"，可看着比自己早一年进公司的同龄人对小李的爸爸一口一个"李哥"叫着，小贺不知道该如何开口了。"感觉在单位称呼别人'叔叔'也很奇怪。"小贺说，现在自己在单位里遇到小李的爸爸，只能尴尬地一笑而过。如果你是小贺，你会怎么处理呢？

任务2：办公室空间礼仪

空间礼仪产生于人类对领域的占有欲和安全感。美国心理学家罗伯特·索默的研究表明：人都具有一个把自己圈住的心理上的个体空间，它就像一个无形的"气泡"一样为自己"割据"了一定的"领土"，一旦这个"气泡"被人侵犯，就会感到不舒服、不安全，甚至恼怒起来。在非语言符号系统中，交往空间是一种特殊的无声语言。人际的交往只有在这个空间允许的限度内才会显得自然。一旦冲破这个界限，就会使交往双方或某一方做出本能的反应，例如，手脚不自然的动作增多，眨眼的次数增加；或挺直身体，展开双臂呈保护姿势；或干脆后退躲避，给进一步的交往带来困难。

一、空间距离礼仪

美国心理学家爱德华·霍尔曾经专门研究人际交往中人们选择人际距离的规律，并划分了四种距离（或称区域），每种距离分别与双方的关系相对应。

第一，亲密距离。这是人际交往中的最小距离，甚至几乎无距离，即通常所说的"亲密无间"。其近端在0.1米以内，彼此可以肌肤相触，以至于相互能感受到对方的体温、气味和气息，如拥抱、接吻。其远端在0.1米～0.5米，表现为挽臂执手、促膝谈心等。这一距离的选用有非常特定的情境和对象，一般用于贴心朋友、夫妻和情人之间。在一般的社交场合及异性之间是绝对禁止的，否则不仅不雅观，还会引起另一方的反感，甚至引发冲突。

如果只是同事关系，这样的距离会让人不自在甚至皱眉哦！

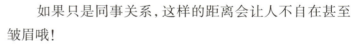
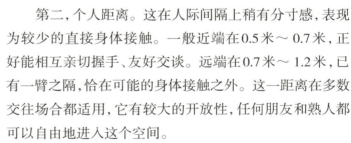

第二，个人距离。这在人际间隔上稍有分寸感，表现为较少的直接身体接触。一般近端在0.5米～0.7米，正好能相互亲切握手、友好交谈。远端在0.7米～1.2米，已有一臂之隔，恰在可能的身体接触之外。这一距离在多数交往场合都适用，它有较大的开放性，任何朋友和熟人都可以自由地进入这个空间。

第三，社交距离。这已超出了亲密或熟悉的人交往时采用的距离，体现出一种社交性的或礼节性的较正式关系。近端在1.2米～2.1米，一般出现在工作环境和社交聚会中。远端在2.2米～3.7米，往往出现在更加正式的交往关系。一些有较高身份和地位的人往往通过一个特大办公桌的相隔与下属交谈。这一距离大都是考虑到交往的正式性和庄重性时使用的，如国家或企业领导人之间的谈判、教授与学生间的论文答辩。

第四，公众距离。在这个距离中，人际沟通大大减少。其近端在3.7米～7.6米，远端则在7.6米以上。人们完全可以对处于这个空间内的其他人"视而不见"。当众演讲属于此类交往距离。

二、空间距离影响因素

当然，上述这四种交往距离并不是一成不变的，有时候会因为个体不同的文化背景、心理特征而有所改变。

第一，不同的文化背景或民族的影响。实践研究表明，地中海国家的人交往时允许有较多的身体接触，相互靠得较近；而北欧国家的人则相互离得较远，很少有肌肤相触。同是欧洲国家的人，法国人在交谈时总是保持较接近的距离，乃至能感觉到对方的呼吸，而英国人在这个距离下交谈会感到很不习惯。同是美洲人，对北美人来说，最适宜的交谈距离是距一臂至122厘米，而南美人交谈则喜欢近一些。北美人为了避免文化差异造成的个体空间不协调，常常就以桌椅作为隔开的屏障，而南美人甚至会不由自主地跨过这些屏障，以便达到使他们感到舒服的交谈距离。

第二，不同的社会地位和年龄的影响。地位较高的人需要更大的个体空间，他们一般会有意识地与下属保持距离。同样，在年龄差异较大的人之间交往距离会缩小，距离感较之同龄人之间会淡化一些，比如，老人抚摸儿童的头和脸这种行为在同龄的成年人之间就是一种不敬的行为，会显得粗俗无礼。

第三，性格差异的影响。性格开朗，喜欢交往的人更乐意接近别人，个体空间相对较小。而性格内向、孤僻自守的人不愿主动接近别人，喜欢把自己封闭起来，自然对靠近的人十分敏感。他们的个体空间一旦受到侵占，很容易产生不舒服感和焦虑感。

第四，性别差异的影响。一般来说，女性之间比男性之间的个体空间略小。女性和男性对空间位置的安排也不同：女性喜欢与交谈对象并排而坐，而男性喜欢坐在交谈者的对面。

相反地,女性最反感陌生人坐在自己旁边,而男性最不喜欢陌生人占据自己对面的位置。而且,男性会把坐在对面的"闯入者"视为竞争者,女性则把坐在身旁的"闯入者"视为侵犯者。

第五,不同的情绪状态和交往场景的影响。在人心情愉快舒畅时,个体空间就会缩小,允许别人靠得较近;而在闷闷不乐时,个体空间便会非理性地扩大,甚至连亲密朋友也不愿其接近。在拥挤的社交场合,如舞会、聚会,人们因无法满足自己的个体空间需要,而较易容忍别人靠得很近,但会设法避免视线或呼吸的接触。然而,在较为空旷的社交场合,人的个体空间就会自然地扩大,当别人毫无理由地侵入时,人们会产生怀疑和不自然的感觉。

温馨小提示

恰到好处的职场距离

- ◆ 0.5米~1米。与同事交往时选择0.5米~1米的距离,既可以带来彼此间朝夕相处的融洽感与亲近感,又能保持适当的距离。
- ◆ 1.5米。领导对下属,保持1.5米的距离既可以增加领导的威严,又不至于产生过于疏远的冷漠感。
- ◆ 3米。当你向领导汇报工作时,距离领导3米左右将会是比较合适的位置,能够显示出你对领导的尊敬。
- ◆ 3.5米。企业领导人之间,甚至是国家领导人之间的会晤、谈判往往都会以一桌之隔来保持一定的距离,这样可以增加庄重的气氛,同时也可以给对方一个相对宽松的发挥空间。
- ◆ 4米。这个距离是面试时不错的选择,既可以让整体氛围严肃、正式,也不会影响到交谈时声音的清晰度,而且还可以与面试者通过眼神进行交流。

课堂互动

公司新招的员工小董是个性情开朗、热情大方的小伙子,喜欢和人交朋友,平时和同事交谈时喜欢拍对方的肩,和对方靠得很近,有时甚至凑到同事的耳朵旁边说话。可是,一段时间后,小董发现同事们有些不愿意和他说话了,老远看见他就找个借口走了。小董很纳闷,不知自己出了什么问题。

小董的问题出在哪里?他在与同事交往的过程中,有何不妥之处?应如何把握与同事交往的距离?

任务3：办公室环境礼仪

心理学研究表明，办公室中的办公桌、茶具、办公用品这些"身外之物"的整洁程度往往能体现出一个人的个性特征。因此，步入职场后，不仅要注重自己的穿着打扮，而且也要注重办公室的环境礼仪。

一、办公用品摆放礼仪

办公用品要保持整洁有序。各类文件、资料应整齐摆放、井然有序，私人物品应放在自己的柜子里，每天做好桌面及办公设备的清洁工作，当有事离开自己的办公座位时，应将座椅推回办公桌下。

二、办公室用餐礼仪

如果公司规定不能在办公室内用餐，则要遵守公司规定。如果可以，则要注意：不要吃带有刺激性味道的食物；不要边用餐边工作；不要打扰正在用餐或休息的同事。

三、办公设备使用礼仪

（1）使用会议室要预约，并保持室内清洁。

（2）正确使用电脑，定时保养、杀毒，注意文件保密，工作时间不玩游戏。

（3）复印机使用遵守先来后到原则，不复印与工作无关的资料。

四、办公室接待礼仪

（1）不擅自带外来人员进入办公区，会谈和接待安排在洽谈区域。

（2）饮水时，如果不是接待来宾，应使用个人的水杯，减少一次性水杯的使用数量。

五、办公室下班礼仪

下班离开办公室前，应关闭所用机器的电源，将办公桌台面的物品归位，管理好贵重物品和重要文件。

课堂互动

请比较下面两张图片并说明遵守办公室环境礼仪的意义。

办公桌"体语"

知道吗？办公桌上也有"体语"可读。美国效率专家约翰·李博士在研究中发现，办公桌上的情况可显示其主人的性格、能力和为人。

"叠"：桌面上、抽屉里所有的文件资料都叠得整整齐齐，井然有序。这种人工作比较有条理，有一定的组织能力，办事效率高，工作责任心强，但事事小心谨慎，往往缺乏开拓创新精神。

"塞"：桌面上可能很干净，但抽屉里却很乱。这种人只注重外观，喜欢投机取巧，文过饰非；聪明，但是比较懒，不太可靠。

"散"：文件资料东放一些，西放一些，比较散乱。这种人缺乏自我组织能力，很难集中精力，工作也是有头无尾，条理性较差。

"堆"：办公桌就像垃圾堆，集前三种缺点于一身。这种人最缺乏职业素养。

任务4：办公室手机礼仪

手机作为便利的通信工具在日常生活中的使用已经很广泛了。在办公室中，因为工作的需要，我们可能经常要接打手机，所以遵守手机礼仪非常重要，这一定程度上代表了整个单位的形象。

一、手机放置礼仪
基本要求：位置不起眼。

★ 放在随身携带的公文包里。
★ 放在上衣的内袋里。

二、手机铃声礼仪

★ 最好保持振动状态。
★ 不用搞怪铃声。

三、手机接听礼仪

★ 讲话尽量压低声音。

★ 长话短说。

★ 不谈私事。

★ 不在别人注视着你或者和你交流的时候查看手机。

温馨小提示

办公室一般礼仪要求

（1）上下班见到上司或同事要主动问候,称呼恰当。

（2）如果有事离开,需要向上司报告。

（3）对上司要有礼貌,上司来到身边时要站起来打招呼。

（4）常用"请""谢谢""对不起""麻烦您"。

（5）要守时,按时上下班,不迟到早退。

（6）不诿过,不揽错。

（7）不要随便打扰别人。

（8）爱惜公共物品,不浪费,不拿回家。

（9）中午午睡要关门。

（10）穿着得体,修饰得当。

（11）男女平等,不强调女士优先的原则。

（12）不要把你的男(女)朋友带到办公室。

办公室的失礼行为

（1）用单位电话打私人电话。

（2）嫉妒、中伤比你晋升快的人。

（3）将别人的功劳据为己有,过分炫耀自己的功绩。

（4）不信守诺言,泄露他人的隐私。

（5）造成损失不承担责任。

（6）借他人财物不及时归还。

（7）穿戴与办公室环境不协调的服饰。

项目实训

1. 一位西装革履的男士进入一间写字楼,问前台秘书小姐:"这是四方公司吗?"小姐不理。这时,有两个客户走来,这位秘书小姐说:"李姐,王哥,我们经理正等着你们呢……"

小组讨论:在以上情景中前台秘书小姐的言行有哪些职场礼仪问题?组员分别扮演各角色,上台试演,全班评议。

2. 模拟在拜访客户、向上级汇报工作的时候应与客户、上级保持的礼貌空间距离。

要求:学生分组,两人一组,分别扮演客户、上级、员工,模拟在拜访客户和向上级汇报工作的过程中应保持的空间距离。

3. 请以小组为单位,拍摄相关服务单位办公室环境的视频,并点评、交流。

要求:确定拍摄地点与办公室环境要求。检查办公室环境现状,提出改进建议。

我的未来我做主
——职场沟通

情景导入

　　董腾健所在的浙江商贸公司位于一幢18层的办公大楼里,在这幢大楼里有好多家公司,平时电梯的使用率就比较高。上班高峰期,为了避免迟到而被扣奖金,大家总是一进电梯就急着关门,使得有一些差几步没赶上的人被挡在门外。

　　董腾健在观察了近一个月后,发现有的被挡在门外的陌生人可能是公司的客户。另外,有几次自己没赶上电梯,心里也很懊恼。于是,他开始改变自己并付诸行动。当他进入电梯后,总是站到最靠近控制面板的地方,如果发现有人赶电梯,就长按开门键,保证所有人都进电梯后再按关门键,并帮助站在电梯里面不便伸手的人按下楼层键。

　　董腾健在上班一个月后,用自身良好的礼仪修养赢得了同事们的赞许与尊重。

统计资料表明,良好的人际关系,可使工作效率提升85%以上。作为职场"菜鸟",来到新环境后,该如何尽快融入新的集体,成为一名真正的职场达人呢?

电梯礼仪推广

董腾健的电梯礼仪,终于传到了公司主管朱总的耳朵里。朱总在听取了董腾健的汇报后,决定在公司里全面推广电梯礼仪。董腾健作为本项目的主管人员,必须做好与违规者沟通的准备。

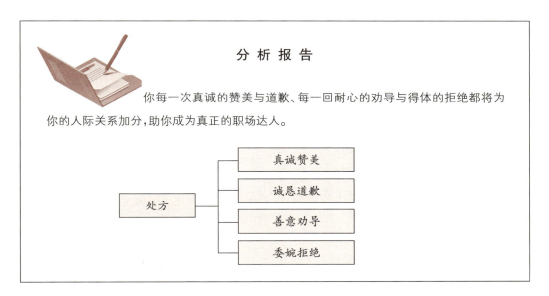

分 析 报 告

你每一次真诚的赞美与道歉、每一回耐心的劝导与得体的拒绝都将为你的人际关系加分,助你成为真正的职场达人。

处方 —— 真诚赞美 / 诚恳道歉 / 善意劝导 / 委婉拒绝

任务1:真诚赞美

真诚的欣赏与赞美,会使你的人际关系更加和谐。每个人都有他的优点,发现并赞美他,只要你的赞美出于真诚,没有一个人会拒绝你的善意。

赞美是一种现代社会的生存技巧,它能打破人际交往的僵局,创造新的人际关系,让你在职场中左右逢源。

大多数人都希望成为举足轻重的人,都想得到赞赏。慷慨地赞美他人吧。因为赞美,让我们发现了生活中更值得我们感激的东西;因为赞美,让我们感觉生活中快乐无处不在。

一、赞美原则

唯有赞美别人的人，才是真正值得赞美的人。在日常生活中只有懂得欣赏和赞美他人的人，才能赢得别人的尊重与爱戴。可以这么说，赞美是人际交往中的润滑剂，我们在赞美中体会尊重，实现互赢。但有时不恰当的赞美却也会给他人带来伤害。在现实生活中，我们赞美他人必须做到以下几点。

（一）情真意切

虽然人们都喜欢听赞美的话，但并非任何赞美都能使人高兴。你若无根无据、虚情假意地赞美别人，对方不仅会感到莫名其妙，而且会觉得你油嘴滑舌、诡诈虚伪。赞美他人时必须基于事实、发自内心、情真意切。

（二）翔实具体

在日常生活中，人们取得显著成绩的时候并不多见。因此，交往中应从具体的事件入手，善于发现别人哪怕是最微小的长处，并不失时机地予以赞美。赞美用语越翔实具体，说明你对对方越了解，对他的长处和成绩越看重。让对方感到你的真挚、亲切和可信，就能使你们之间的人际距离越来越近。如果你只是含糊其词地赞美对方，说一些"你工作做得非常出色"或者"你是一位卓越的领导"等空泛虚浮的话语，可能会引起对方的猜疑，甚至产生误解和信任危机。具体地称赞可以像这样：你这份方案真是写得太棒了，谢谢你；你的这份方案做得非常翔实，听说你昨晚为了赶写这份方案，还放弃了看你最爱看的球赛，真是太感谢你了。

（三）因人而异

人的素质有高低之分，年龄有长幼之别，因人而异、突出个性、有特点的赞美比一般化的赞美更能收到好的效果。老年人总希望别人不忘记其过去的业绩与风采，同其交谈时，可多称赞其引以为豪的过去；对年轻人不妨语气稍为夸张地赞扬其创造才能和开拓精神，并举出几点实例证明其的确能够前程似锦；对于经商的人，可称赞其头脑灵活，生财有道；对于有地位的干部，可称赞其为国为民、廉洁清正；对于知识分子，可称赞其知识渊博、宁静淡泊……当然这一切要依据事实，切不可虚夸。

我们在赞美他人时还必须认识到，最需要赞美的不是那些早已功成名就的人，而是那些身处逆境的人。这时为他们及时送上一句赞美的话语，便有可能促使他们振作精神，大展宏图。因此，最鼓舞人的赞美不是"锦上添花"，而是"雪中送炭"。

（四）合乎时宜

赞美要做到见机行事、适可而止，真正做到"美酒饮教微醉后，好花看到半开时"。当别人计划做一件有意义的事时，开头的赞扬能激励其下决心做出成绩，中间的赞扬有益于使对方再接再厉，结尾的赞扬则可以肯定其成绩，指出其进一步努力的方向，从而达到"赞扬一个,激励一批"的效果。

　　此外,赞美并不一定只用语言,有时,投以赞许的目光、做一个夸奖的手势、送一个友好的微笑也能收到意想不到的效果。

　　二、赞美技巧

寻找赞美点

　　外在的、具体的。如:衣着打扮(穿着、领带、手表、眼镜、鞋子等)、头发、身体、皮肤。

　　内在的、抽象的。如:品格、作风、气质、学历、经验、气量、心胸、兴趣爱好、特长、所做的事情、处理问题的能力。

　　间接的、关联的。如:籍贯、工作单位、邻居、朋友、职业、用的物品、养的宠物、下级员工、有亲戚关系的人。

案例赏析

　　1977年,金庸与日本文化名人池田大作进行了一场颇有意思的对谈。在对谈一开始,金庸便以谦虚的态度对池田说道:"虽然与会长曾经谈起过的知名人士相比,我还差得很远,不是同一水平,但很高兴能够让我有机会,尽己所能地与会长进行这样一次谈话。"池田听后忙说:"您真的太谦虚了,您的谦虚使我深感先生的'大人之风'。这么多年来,此种'大人之风'在先生的身上一直都得以体现,您所走过的每一段路均值得我们铭记。"池田邀请金庸用茶,又接着说道:"正如大家所说的那样,'凡有中国人之处,必见金庸之作',先生能够享誉如此盛名,说明您是当之无愧的文学巨匠啊! 先生应该也有所耳闻,香港舆论界把您奉为'旗手',还有'笔的战士',这可是读者对您的肯定啊!《左传》有曰'大上有立德,其次有立功,再次有立言',是之谓'三不朽'。在我看来,只有您所构建的诸多精神之价值,才真正属于'不朽'。"

　　点评:引用他人的评价,对对方的事迹、品行等加以赞美,被称为"间接赞美"。间接赞美往往比直接赞美更有效,因为间接赞美同时表达了"第三方"和说话人双方的赞美之意,较说话人单方的赞美更有分量。同时,因为在人们的观念中,"第三方"所说的话既实在、又公正。因此,以他人之词赞美对方,更能赢得被称赞者的好感与信任。在这里,池田大作主要采用"间接赞美"的方式,来赞美金庸对文学所做的贡献,既表达了自身对其的赞美,又借用"大家"之口以赞美金庸,给人以客观公正之感,使对方得到了很大的满足,为双方谈话的顺利开展开了一个好头。

课堂互动

1. 游戏：戴高帽。

请一位同学站在讲台前，向大家介绍自己的姓名、性格、长处、短处。然后，其他同学轮流根据自己对他（她）的了解及观察，说出他（她）的优点及对他（她）的欣赏之处（如性格、相貌、处世方式）。被赞美的同学说出哪些优点是自己以前觉察到的，哪些是没有觉察到的。

规则：

（1）必须说优点。

（2）夸别人的优点时态度必须真诚，不能毫无根据地吹捧。

（3）台上的同学说出被别人称赞时的感受，台下发言的同学说一说怎样用心去发现别人的长处，怎样做一个乐于欣赏他人的人。

2. 分析以下案例中的赞美有何不妥之处。

张强是××集团公司下属分公司的一位年轻领导，平时好读书钻研，工作非常出色。集团公司领导来检查工作时，总是由他负责接待。有一次，总公司经理与董事长来分公司视察，看到张强的工作卓有成效，而且认为他谈吐颇有见地。在晚上的酒宴上，总公司经理当着分公司老总的面盛赞张强"会思考、能干事，这样的分公司领导很少见"，这样的赞美使张强十分尴尬。

任务2：诚恳道歉

无论是在职场上还是生活中，学会诚恳道歉是必要的。在人际交往中，倘若自己的言行有失礼不当之处，或是打扰、麻烦、妨碍了别人，最聪明的方法，就是及时向对方道歉。道歉得当，有助于维持良好的人际关系的和谐。但如果方式欠妥，则会适得其反。该道歉时，我们怎样道歉才能够让他人真正感受到自己的歉意并使他人原谅自己呢？

一、诚恳道歉三要素

一般情况下，诚恳道歉应该具备以下三要素。

（1）承认犯了错误或冒犯了对方。

（2）为此表示悔恨。

（3）承担相应的责任。

二、真诚道歉五原则

真诚待人是做人之本，道歉必须真诚，必须发自肺腑，必须遵守五个原则。

（一）诚恳

道歉时用词要清晰明了、准确无误，不可带有挑衅成分。道歉做得好，被道歉方会觉得道歉方认识到了错误。被道歉方希望看到的是道歉方勇于承担责任的态度和对错误的反省，他们希望得到的是类似的事情以后不会再发生的保证。

（二）明确

不要为无关痛痒的事情道歉。如果犯错一方道歉的事与受害一方所认为的错误风马牛不相及时，那么道歉反而会使问题更加复杂。往好了说，人们会觉得道歉方对问题本身仍是两眼一抹黑；往坏了说，别人会认为道歉方是在故意歪曲事实。

（三）恰当

道歉必须选择一种恰当的方式，比如，对一个公司职员而言，可以考虑是以公司的名义道歉好还是以个人的名义道歉好。要选择合适的方式进行道歉，这样，才不会使道歉看起来是别别扭扭、极不情愿，从而避免道歉丝毫不起作用。

（四）沟通

不要总想着"如何才能表达悔恨情绪"，重要的是如何与对方沟通，你的目的是将你的悔恨传达出去，让另一方接受你的道歉。沟通则是双方的事，不要光想着自己，要考虑你道歉的对象，这样你就不会显得好像在为自己开脱，而你的道歉也就更容易被接受了。

（五）行动

光想着道歉不是真正的道歉。这就好比"我想减肥"不等于减肥一样。重要的是要有实际行动。要做出明确无误、直截了当的道歉行动。不要遮遮掩掩、拐弯抹角地道歉。

三、真诚道歉三技巧

道歉也有一定的技巧，我们应该掌握如下技巧。

（一）文明规范的道歉语

愧对他人："深感歉疚""非常惭愧"。

希望谅解："多多包涵""请您原谅"。

有劳别人："打扰了""麻烦了"。

一般场合："对不起""很抱歉""失礼了"。

（二）及时得体的道歉

道歉需及时，避免因小失大。道歉拖得越久，越容易使人误解，道歉的效果也越差。

（三）适当借助"物语"

有些道歉的话若当面难以启齿，那就写个纸条、发个短信或者电子邮件，都不失为一种好方法。而有时，借助于某些具体的物品，也能收到意想不到的道歉效果。

> 恋爱中的男女闹别扭，鲜花、巧克力都是不错的道歉物品哦！

案 例 赏 析

中餐厅霸道总裁的道歉，你真的能接受吗

在某职业学院举办的班会表演活动上，小王用他"糟糕透顶的管理"，硬生生把店长演绎成了"霸道总裁"。比如，不考虑客人用餐的实际情况以及餐厅的运营能力，过度地招揽客人；对团队分工不明确，导致服务一团糟；只允许主厨做套餐，最后厨房根本来不及做菜，客人抱怨而去……最让全班同学直呼"受不了"的是，在事后的分析总结会上，小王再一次"霸道总裁"附体，将客人不满意的主要原因归咎于主厨做菜太慢。然而，小刘和小马意识到，餐厅的问题并不在于主厨，而在于管理方式，于是纷纷站出来替主厨解围。而此时的小王却说了一句让很多人听着耳熟的话："都是我的错，好不好？"

点评：小王真的觉得他错了吗，为什么一句看起来是道歉的话，却让同学们觉得他毫无诚意。事实上，"都是我的错"这种道歉方式，在我们日常生活中并不少见。道歉者并没有从内心深处意识到自己的错误，却只想用"道歉"的方式解决争端、及早脱身。这种敷衍而消极的"道歉"当然无法得到对方的认可。

课堂互动

1. 试从道歉方式的选择上比较下面两个道歉的案例。

工作的角度：

　　我们俩都是在为一家优秀的公司工作。作为你的同事，对于我们个人之间的不同观点，我应该有更加宽容的心态。对不起，那天我说话太粗暴了。

个人的角度：

　　我不同意你所持的立场，但我很喜欢你这个人，而且很希望我们在一起工作时一切顺利。对不起，那天我说话太粗暴了。

2.试从道歉原则及技巧的角度，分析某火锅店两封道歉信的优劣。

事件回顾

事件一：2020年初全面复工复产之际，某品牌火锅店宣布要涨价。

事件二：2020年7月，有顾客在某品牌火锅店吃火锅时，在乌鸡卷中吃到硬质塑料片，该火锅店工作人员将乌鸡撤走并提出免单并赠送500元火锅券的赔偿方案，但消费者没有同意。第二天消费者出示了就餐胃部痉挛诊断书。

针对上述两个事件，某火锅店分别做出回应，发布了两封道歉信。

道歉信一：

致　歉　信

亲爱的顾客：

您好！

本公司各地门店复业之后，于3月下旬上调部分菜品价格，之后我们陆续接到来自顾客及社会各界的批评、反馈和建议。谨在此检讨如下：

1.此次涨价是公司管理层的错误决策，伤害了顾客的利益，对此我们深感抱歉。公司决定，自即时起，所有门店的菜品价格恢复到2020年1月26日门店停业前的标准。

2.本公司各地门店实行差异化定价，综合考虑门店所在地的经营成本、消费水平、市场环境等因素，每家门店之间菜品价格会存在一些差异。

3.本公司各地门店推出的自提业务，目前提供69折或79折不等的折扣。我们将在4月25日前改良包装材料，并持续优化成本，希望顾客能够满意。

再次向因此次错误受到伤害的消费者和社会各界表示诚挚的歉意！

道歉信二：

道 歉 启 事

1. 对于7月12日晚上，有顾客在本公司某门店所点菜品乌鸡卷中出现塑料一事，我们表示非常抱歉。

2. 经过对乌鸡卷产品供应商工厂进行的全面排查，已确定事件是因为在工厂灌装环节员工操作不规范，导致产品标签掉落到产品中。门店在分切、摆盘产品时失察，没有发现该缺陷。消费者在餐厅遇到的任何产品问题，我们都负有全部的责任。在此我们向顾客和广大消费者表示诚挚的歉意，支持顾客维护自身权益，并会积极配合相关部门的检查，承担经济和法律上的相应责任。

3. 我们会深刻反省自身管理上的疏漏，无论是门店还是供应商环节，严格加强内部的生产流程规范和核查力度，并在门店端加强对员工的培训，严格按照规范操作，避免再次发生此类事件。

拓展阅读

道歉不只是对不起

道歉是可以学习的。表达歉意有五种最主要的方式，我们称其为道歉的五种语言。

1. 表达歉意——对不起

先有态度，对方才会愿意进一步与你沟通。当我们因伤害到他人而感到内疚与痛苦时，就需要首先在情感层面上，为自己的过失和对他人的伤害表达歉意。

在表达歉意时，道歉者需要具体说出哪些行为对对方造成了影响，这样可以使被冒犯的人明白，道歉者已经深刻地意识到自己给他们带来了多大的不便或造成了怎样的伤害。

表达歉意应这样说：

"对不起，我当时显然没有认真考虑你的感受。但我从没打算要伤害你，现在我知道我的话太过火了。很抱歉我当时那么不礼貌。"

"我真的很难过，让你这么失望。我本来应该更细心一些，很抱歉让你难受了。"

2. 承认过错——我错了

许多人出于自尊心，不愿意承认过错。他们认为承认过错会被视为软弱，只有愚蠢的人才会认错，聪明人则会努力证明自己的行为是正确的。其实，恰恰相反，聪明的人更敢于通过道歉承担责任,从而获得别人的尊重。

承认过错应这样说:

"我那样对你讲话是不对的。我的话很刻薄,说话的方式也不友好。我在盛怒之下说了那些话,一心只想着为自己辩解。希望你能够原谅我。"

3. 弥补过失——我能做些什么来弥补

如果损坏了别人的心爱之物,除了一句抱歉之外,往往还需要一定的赔偿。当我们真诚地想对一个人表达歉意时,内心一定会有个声音——我该做些什么才能弥补对对方的伤害。是的,做错了事情,需要真诚地在行动层面上弥补。比如精心准备一份礼物来弥补。

弥补过失应这样说:

"我能做些什么来弥补我的过错呢?"

"我觉得光说'对不起'是不够的。我想为我的错误做法进行补偿。你觉得怎么做比较合适呢?"

4. 真诚悔改——我以后不会再犯

大多数人在接受道歉后并不会指望对方变得完美,而是希望对方不再犯同样的错误。因此,在道歉时我们需要表达出愿意改变的态度,并且制订相应的计划,努力改变自己。一个真诚的道歉,会充分显示出我们从自己所犯的错误中得到的教训。

真诚悔改应这样说:

"我知道自己的行为给你带来了痛苦,我再也不会那么做了。我会积极听取你关于我应该如何改变的任何想法。"

5. 请求饶恕——请你原谅我,好吗

研究者在调研中发现,有五分之一的受访者在被问及"你希望在道歉中听到什么"的时候表示"我希望对方请求得到我的原谅"。在他们看来,那才是表明诚意的真挚之言,这意味着道歉者放弃了主动权,愿意把双方关系的走向交给那个被冒犯的人来决定。

请求饶恕应这样说:

"我知道这种行为伤害了你。你有理由不理我,但是我真心为自己的所作所为感到抱歉。希望你能原谅我。"

"我为自己对你说话的方式感到抱歉。我的声音很大、话很难听,这样做很不礼貌。你不该受到那样的对待。请你原谅我。"

以上五种道歉方式总结起来就是：对不起，我错了，怎么做可以弥补你，我以后不会再犯了，请你原谅。

——资料来源：微信公众号"浙江图书馆"，有改动

任务3：善意劝导

人际交往中，劝导是一种常见的口语交际形式，它是一种由心理相背到心理相容的说服过程。劝导要讲究一定的原则和技巧，方能达到明辨是非、劝之以理、导之以行的目的。在生活中需要说服的对象有很多，可能是父母、上司、顾客、朋友，也可能是面试官。

一、劝导的原则

（一）建立信任

信任是进行劝导的基础，没有这个基础，任何劝导都不会取得理想的效果。而正直诚实的人往往容易获得他人的信任。

（二）平等原则

劝导时，双方应是处在平等的地位。劝导者绝不可以以势压人、以理压人，要让对方口服心服。

（三）双赢原则

任何劝导在考虑自身利益的同时，也必须兼顾对方或第三者的利益，否则容易导致对方的反感。这样的劝导达不到应有的效果。

（四）时机合适

时机的选择十分重要，要注意避免选择在干扰较多的氛围中进行劝导，也要避免在劝导对象情绪反常的时候进行劝导。一般来讲，当劝导对象心情舒畅、精神状态良好的时候，劝导比较容易达到目的。据研究表明，一般早上10点钟至中午，是人的精神状态较佳的时段，在这个时段内进行劝导比较容易获得良好的效果。

（五）抓住主要矛盾

在进行劝导之前，应该对劝导对象有一个详细的了解。一般来讲，劝导对象做出某种行为总是有其理由的。所以，在劝导前，应该对其作一定的了解，抓住对方做出某行为的真正原因，对对方提供的理由，要进行十分细致的分析，以免被表面现象所迷惑。只有从主要原因着手，才能使劝导工作事半功倍。

（六）充分运用数据、事例

劝导时为劝导对象提供有力的数据支持和书面资料，会使劝导变得更加轻松，更有说服力。

温馨小提示

　　1930年,美国著名人际关系学大师卡耐基组织专家、教授、学者进行研究,在长时间的讨论后,一个符合心理学法则又能引导人们行动的说话结构终于诞生了,这就是"魔术公式",它对我们有效地进行劝导工作提供了启发。"魔术公式"是指说话的三个步骤,分别是:

　　第一步,说你的实例的细节,生动地说明你想传达的意思;

　　第二步,以详细清晰的语言,说出你的重点,并说出要对方做什么;

　　第三步,说出这么做的好处。

二、劝导的技巧

　　在正式的社交场合中,我们不断地说服他人,以寻求合作;而对某些过分的要求,我们又在不断地拒绝。但很多的时候,说服或拒绝都不是轻而易举的事,这就要求掌握一定的技巧。

(一)调节气氛,以退为进

　　在劝导别人时,首先应维护他人的尊严和荣誉。态度应该和颜悦色,气氛是友好而和谐的,避免以命令的方式进行劝导。如果在劝导时不尊重他人,拿出一副盛气凌人的架势,那么劝导多半是要失败的。毕竟人都是有自尊心的。

案 例 赏 析

春天来了,我却看不见她

　　有一次,英国著名诗人拜伦在街上散步,看见一位盲人身前挂着一块牌子,上面写着:"自幼失明,沿街乞讨。"可是路人都好像没看见一样匆匆而过,很长时间,盲人手中乞讨用的破盆子里还是没有一分钱。拜伦走上前去,在盲人的牌子上加了一句话:"春天来了,我却看不见她。"这句话激起了人们的同情心,过路人纷纷伸出了援手。

　　点评:在生活中,劝导别人的能力也是沟通能力之一。对别人进行劝导只有发自内心,才会真正地打动对方,才能获得希望的结果。此处诗人用"春天来了,我却看不见她"成功激起他人的同情心,达到了"劝导"的效果。

(二)消除防范,以情感化

　　一般来说,劝说对象对劝说人会产生一种防范心理,尤其是在情况比较危急的场合中。所以要想劝导成功,就要注意消除对方的防范心理。应该说,防范心理的产生是把对方当作假想敌时产生的一种自卫心理。所以,在劝导过程中,应该不断地向对方表明自己是朋友而不是敌人。具体来讲,可以通过嘘寒问暖,或给予帮助等方法,消除对方的敌意。

（三）善意威胁,以刚制刚

在社交场合中,威胁别人是不道德的。但在适当的时候,使用善意的威胁,给对方一定的压力,可以增强说服力。当然,在具体的劝导过程中要做到:第一,态度要友善;第二,要讲清后果,说明道理;第三,威胁程度不能过分,否则会弄巧成拙。

（四）设身处地,将心比心

要善于站在他人的立场上分析问题,给他人一种善解人意的感觉。这种"投其所好"的技巧常常具有极强的说服力。但要做到这一点,"知己知彼"十分重要,充分了解对方的情况,才能从对方的立场上考虑问题。

案 例 赏 析

赵先生,我叫林阚,是一名律师。作为律师,我想给您一点建议:决定一件事情之前要先判断,判断之前要先了解,了解之前要先沟通,是不是这个道理？我觉得目前这个阶段,您应该做好充分的沟通,比如说在您和您的女儿、您和成先生、成先生和您女儿之间。如果沟通之后,你们还是决定要报警指控的话,我向您保证,成先生一定会履行承诺,接受侦查,这一点您放心。您的心情我也非常理解。

——电视剧《不完美受害人》片段

点评:在此案例中,林阚律师站在对方立场上,设身处地,从专业的角度给出解决问题的方案,并明确表示后续会继续配合。她的语言表达客观理性,取得了非常好的劝导效果。

（五）寻求一致,以短补长

面对习惯拒绝他人的人,劝导时不宜直接切入正题。一般可通过寻找与对方一致的观点,先与对方在某个问题上取得一致的意见,从而使其对你产生兴趣,然后再引入主题,最终取得对方的同意。

案 例 赏 析

坚持一下,好好干

临近年末,业务增加,公司进入繁忙状态。小董作为公司的新员工,领导希望他能多加班以承担更多的任务。但小董觉得平时上班已经超负荷了,不想加班。于是小董的主管领导,找他谈了一次话。

"小董,最近工作不错,同事们普遍反映你工作能力很强,布置的任务都能按时并保质保量完成,年轻有为啊,给你点赞!相信只要努力工作,今后前途无量啊!听说你最近对加班比较抵触?是什么原因吗?能不能跟我说说?"

小董表示平时上班太累了,不想再加班。

"最近工作确实比较多,你不想加班我也十分理解,你看我也是累得腰痛都复发了。但是小董,现在是特殊时期,快到年终考核了,加班也就这一段时间,再坚持一下,好吗?毕竟也就半个月左右的时间。再说我们是集团总部,要有工作大局意识,也要有担当精神。年轻人嘛,要抓住机会,迎难而上,用青春热血换美好未来啊!再坚持一下,工作上有什么困难随时跟我说,我来给你解决。怎么样,可以吗?"

小董接受了主管的劝导,充满干劲地投入了工作。

点评:在工作中,经常会遇到不配合的员工、同事。如何劝导、沟通,让他人能快速接受你的工作安排,是每一位职场人的必修课。在本案例中,这位主管就采用以退为进的方法,先肯定小董的工作能力与成绩,再让小董认识到自我的地位及发展前景,真诚感人。小董自然接受了加班的工作安排。

任务4：委婉拒绝

拒绝,就是不接受,亦即对他人希望你做某种行为的否定。拒绝可以是不接受他人的建议、意见或批评,也可以是不接受他人的恩惠或赠予的礼品。

一、有效拒绝的原则

（一）态度和蔼

在社交场合中,如果有必要拒绝他人时,就应考虑不要把话说绝,也不要在他人开口时就断然拒绝。对他人的请求迅速采取反驳的态度,流露出不快的神色,藐视对方,坚持完全不妥协的态度等,都是不妥当的,都可能对他人造成伤害。因此,在拒绝他人时,首先应该以和蔼可亲的态度诚恳应对。

（二）开诚布公

如果拒绝的理由充分有力,那么在拒绝时完全可以据实言明,让对方了解你拒绝的理由,求得对方的谅解,这是最合理的拒绝方式。如果采取模棱两可的说法,致使对方摸不清你的真正意图,反而会产生许多误会,导致彼此都不愉快。

（三）诚挚尊重

拒绝时一定要维护对方的自尊心,给予对方足够的尊重和重视,要给对方留一条退路。

耐心倾听对方的理由,这是对对方最起码的尊重。

二、有效拒绝的语言技巧

从语言技巧上说,拒绝有直接拒绝、婉言拒绝、沉默拒绝、回避拒绝四种方法。

（一）直接拒绝

直接拒绝需要将拒绝之意当场言明。采取此法时要注意应当避免态度生硬,说话难听。在一般情况下,直接拒绝别人,需要把拒绝的原因讲明白。可能的话,还可向对方表达自己的谢意,表示自己对其好意心领了,借以表明自己通情达理。有时,还可为之向对方致歉。

（二）婉言拒绝

婉言拒绝指用温和曲折的语言,去表达拒绝之本意。与直接拒绝相比,它更容易被接受,因为它在很大程度上顾全了被拒绝者的尊严。这是拒绝中最常用也是最有效的方法。

婉言拒绝可采用以下策略。

（1）推脱策略。对于某些敏感问题,不能立马给予答复,可以采用推脱策略,如"此事要和某某商量,现在恐怕难以决定"。

（2）拖延策略。有时候,拖延一段时间再做决定,会使得原来紧张的局面完全改变,这也是一种拒绝的技巧。如"此事还须进一步调查,等最后结果出来后我们再讨论怎样处理"。

（3）含糊其词。对于不容易回答的问题,可采取模棱两可的方法做出回答,如"此笔交易的最终效益要视交易是否进展顺利来定"。

（4）诱导对方自我否定。如"对于你刚才提出的问题,你站在我这个位置恐怕也会做出和我一样的选择"。

（5）先扬后抑。如果暂时无法满足对方提出的要求,可采取该策略。如"你提的建议很有建设性,我们将加以研究,如果今后条件成熟,我们一定会采纳你的这一建议"。

（三）沉默拒绝

沉默拒绝可采用以下两种方式。

（1）笑而不语。对于一些难以说清的或不需要作解释的问题,可以避实就虚,以笑代答。对对方不说"是",也不说"否",只是以笑来搁置此事。

（2）以静制动。对于自己难以解释,或者即使解释也无法令对方满意的问题,不妨以静制动,一言不发,静观其变。这种不说"不"的拒绝,所表达出的无可奉告之意,常常会产生极强的心理上的威慑力,令对方不得不放弃。

（四）回避拒绝

"回避拒绝"是指针对对方的要求,避实就虚,转而谈论其他事情的方法。遇上他人过分的要求或难答的问题时,都可以使用这一方法来表明态度。

案例赏析

小肖和小李是同一年进公司的好朋友,但两人的业务方向不一样。最近小肖正在负责一个优质项目。小李有一天对她说:"你那个项目我也很感兴趣,能让我也参与吗?"小肖笑笑答道:"作为你的好朋友,我肯定很乐意你加入。但这个项目与你的业务方向是有一定差别的,并且项目组成员也不是我能决定的,还是得经理决定才行。"

点评:被朋友拒绝是件特别容易受伤害的事情。在本案例中,小肖对好朋友小李的要求没有直接拒绝,而是从客观事实入手,告诉小李他的职权范围,使小李可以理性地接受小肖的拒绝。

课堂互动

1. 请分析下面案例中小芳的拒绝技巧。

一天,小芳的好友小张打电话来求助:"小芳,有个事儿要拜托你。""什么事啊?""唉,我男朋友要给日本客户做批东西,但说明书是日文,正巧你是学日语的,帮我看看呀。"

小芳很清楚,专业说明书的翻译不是个轻松的活儿,更何况这阵子手头工作又多,于是考虑了一下,非常客气地说:"并不是我不愿意帮忙,你知道的,产品说明书这种东西很专业,我学的也不是专业翻译,这些年又没继续学习,那点知识早'还给老师了',凭现在这水平恐难胜任啊。""别谦虚,你在大学时可是班里最优秀的,我对你很有信心。""可我对自己没信心啊,要是搁平时还好点儿,这段时间公司经常加班,急着赶一个策划书,我可是奋战了三天三夜啦,忙得一塌糊涂,现在一看文件就头疼。我想你男朋友的文件一定很重要吧,为了不耽误事儿,建议还是找翻译公司做比较合适。"

小张想了想说:"嗯,也是,专业文件翻译确实是件棘手的事,那就让他交给翻译公司做好了。你呀,别太累了,要注意休息,保重身体!"

2. 在电视剧《三十而已》中,钟晓芹是办公室里公认的"老好人",常有同事找

她帮忙。时间久了,她渐渐地习惯扮演这样的角色了。比如:

"晓芹,你那有针线吗? 裙子的扣开了。"

"有。"

"晓芹,你快去弄下咖啡机,吃包子噎死了。"

"马上来!"

"晓芹,可以帮我拿个文件过来吗?"

"给!"

请帮钟晓芹想想,她该如何改变这种局面。

3. 下班时,领导邀请你一起参加一次私人宴会,出于某种考虑,你不准备参加,你应该怎样拒绝?

项 目 实 训

一、案例分析

1. 分析下面案例中张局长的拒绝技巧。

张局长升任局长后,一些人纷纷利用各种机会向他发出"盛情邀请"。后来他发现一些平时不太同他来往的人,也绕着弯子来请他赴宴。他不想因此耽误了工作,或给别有用心的人钻了空子。有一次某位同志利用儿子过生日的机会请张局长吃饭。张局长不想赴这个宴,又不好明确拒绝,便说:"你定的那个日子正是上级来检查工作的时间,这样吧,到时如果没有什么要紧事,我会抽空过去聚一下。"

2. 有一次建设局质检员小张的同学请他晚上到家里去喝两杯,小张知道这个同学无事不登三宝殿,便问请的还有谁。一开始同学支支吾吾不肯说,最后才说出自己有位做包工头的亲戚想请小张吃饭,接点工程。

小张无意赴宴,请问他该如何处理?

3. 李慧是西湖景区劝导文明旅游的志愿者,二十多岁的小伙子,热情好动,乐于助人,但他也感觉志愿者是份"吃力不讨好"的工作,很容易和对方起冲突。一次碰到一个随地吐痰的游客,李慧好心上前劝导,对方却嫌他多管闲事,他心里一急,就和对方争论了起来,还差点动手。

请问在具体的劝导文明旅游的过程中,应该注意哪些问题和交谈技巧? 讨论并模拟。

4. 请分析第三个告示牌说服的优势。

有一家酒店试图让客户重复使用毛巾。最开始，酒店在告示牌上是这样写的："顾客应该保护生态环境，或者为了下一代而节能。"此告示牌的宣传效果很有限，毛巾的浪费仍然严重。由此，一个实验展开了：实验者在不同客房中放置了三种不同的告示牌。第一种说，为了帮助保护环境，请重复使用毛巾；第二种说，请重复使用毛巾，与我们一起维护环境；第三种说，请跟其他顾客一起，重复使用毛巾，保护环境。经过比较结果，在使用了第三种告示牌的房间，重复使用毛巾的比率提升了34%。

二、游戏题

1. 赞美心。

每人准备数张白纸，在纸上写下班里某位同学的优点，并进行赞美。一张纸只能写一个人。在每张纸的抬头处写上被赞美者的名字，在结尾处写上自己的名字。写好之后，把这张纸送给被赞美者。收到纸的同学依次读出纸上的内容，并说出自己的内心感受。

2. 劝导和拒绝小游戏。

鲁迅先生说，如果有人提议在房子墙壁上开个窗口，势必会遭到众人的反对，窗口肯定开不成。可是如果提议把房顶扒掉，众人则会相应退让，同意开个窗口。当提议"把房顶扒掉"时，对方心中的"秤砣"就变小了，对"墙壁上开个窗口"这个劝说目标，就会顺利答应了。

请用这一方法来完成下列劝导：

（1）某化妆品销售公司的严经理，因工作上的需要，打算让家住市区的推销员小王去郊区的分公司工作。

如果你是严经理，在找小王谈话时打算怎样说？

（2）小李从学校毕业以后无所事事，一开始成天和朋友打牌、喝酒，消磨了许多时光。后来他开始准备专升本考试。有一天晚上，他正在家里埋头读书，忽然一个电话打来叫他到一个朋友家"集合"，细问才知道是他们"三缺一"。

试着帮小李拒绝朋友的邀请。

三、实践题

1. 假如你的一个同学因为骨折要躺三个月，而他本身成绩又不好，他的父母希望他留一级，这样能更好地学习，可他不肯，他的父母让你去劝导他。请设计具体的劝导方案，并在课堂上表演。

2. 请睁大善于发现美的眼睛,向你身边的每一位同学、朋友、亲人送上你真诚的赞美,你会发现生活会变得更美好。

3. 回想一下,你有做了错事或说了伤害他人的话还没有及时道歉的事情吗? 赶快行动吧!

4. 董腾健在完成他的任务时,大部分的员工都比较配合,但也有部分员工口出怪言,说董腾健"马屁精""瞎折腾"。如果你是董腾健,你会如何与他们沟通交流呢? 请以小组为单位,设计情景并模拟。

海内存知己
——记住我

情景导入 ▶

　　董腾健的同事至今还非常清楚地记得,当他第一次拿着公司的产品进行推销时,他的那段自我介绍:

　　"大家好,我是董腾健。我毕业于××职业技术学院营销专业,现在是浙江商贸公司的一名推销员。我这个人平时比较喜欢跟人交朋友。我今天来推销的产品是……"

　　很明显,董腾健的自我介绍是失败的。

　　心理学家克林格发现,良好的人际关系对于幸福的生活具有首要意义。一个人如果同他人关系良好,有深刻的情感联系,就会感到生活幸福且富有意义。那么我们应该如何营造良好的人际关系呢? 从自我介绍开始吧!

项 目 设 定 与 分 析

职场首秀

为了表示对新员工的欢迎,浙江商贸公司决定举办一场迎新晚会,促进新老员工的互相认识与了解,为以后更好地开展工作打下基础。董腾健决定趁此机会好好地展现自我。

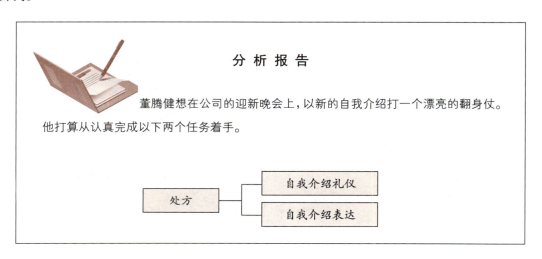

分 析 报 告

董腾健想在公司的迎新晚会上,以新的自我介绍打一个漂亮的翻身仗。

他打算从认真完成以下两个任务着手。

处方 —— 自我介绍礼仪
处方 —— 自我介绍表达

项 目 实 施

任务1:自我介绍礼仪

自我介绍是一切社交活动的开始。"第一印象是黄金"。在人际交往中如能正确地利用自我介绍,不仅可以扩大自己的交际范围,广交朋友,而且有助于自我展示、自我宣传,在交往中消除误会、减少麻烦。自我介绍,就是将自己介绍给他人。

一、自我介绍的时机

自我介绍要掌握好时机,不能贸然行事、一厢情愿,否则会显得唐突和失礼,给别人留下不好的印象,使自我介绍产生反作用。在下面的场合,有必要进行适当的自我介绍。

> ☆ 应聘求职时。
>
> ☆ 应试求学时。
>
> ☆ 在社交场合,与不相识者相处时。

☆ 在社交场合,有不相识者对自己感兴趣时。

☆ 在社交场合,有不相识者要求自己做自我介绍时。

☆ 在公共聚会上,与身边的陌生人组成交际圈时。

☆ 在公共聚会上,打算介入陌生人组成的交际圈时。

☆ 交际对象因为健忘而记不清自己,或担心这种情况可能出现时。

☆ 有求于人,而对方对自己不甚了解,或一无所知时。

☆ 拜访熟人时遇到不相识者,或是拜访对象不在,而需要请不相识者代为转告时。

☆ 前往陌生单位,进行业务联系时。

☆ 在出差、旅行途中,与他人不期而遇,并且有必要与之建立临时接触时。

☆ 因业务需要,在公共场合进行业务推广时。

☆ 初次利用大众传媒向社会公众进行自我推荐、自我宣传时。

二、自我介绍的顺序

☆ 基本顺序:位低者先做介绍。

☆ 如果一方是二人及以上,则由此方身份最高者出面作自我介绍,然后再将本方其他人员按一定顺序——介绍给对方。

三、自我介绍的注意事项

（1）讲究态度。

态度:自然、友善、亲切、随和。

语言:自然、清晰、语速正常。

姿态:镇定自若,潇洒大方。

（2）注意时间。自我介绍用时一般在半分钟左右,不宜超过一分钟。必要时可利用名片、介绍信加以辅助介绍。

（3）注意方法。

点头致意➡用眼神表达友善、表达与对方沟通的愿望➡必要时重复对方姓名

温馨小提示

　　如果有介绍人在场,自我介绍则是不礼貌的。如果你想结交某人,最好预先了解一些对方的资料或情况,诸如性格、特长及兴趣爱好等,这样有助于接下来的融洽交谈。

课堂互动

　　1. 你觉得下面董腾健的准备是否妥当?他能打一个漂亮的翻身仗吗?

　　董腾健认认真真地准备了在迎新大会上的自我介绍。练习时他再三告诫自己:态度一定要友善,语气要自然,语速要正常,语音要清晰,时间控制在两分钟以内。由于害怕与下面的听众有眼神的交流,他打算作自我介绍时眼睛多往地上看。

　　2. 你能帮董腾健设计一份自我介绍,帮助他打赢这场翻身仗吗?

　　3. 假设你要参加一个以交友为目的的联谊会,并将在联谊会上表演一个节目。请在表演前进行一次自我介绍。

任务2：自我介绍表达

一、自我介绍的内容

　　自我介绍的内容一般包括:工作、优点、技能、突出成绩、专业知识和学术背景等。自我介绍的时间只有短短一分钟,如何抓住听众的注意力尤为重要。因此,必须根据自我介绍的不同方式合理安排好自我介绍内容的次序。

（一）工作式　　　　　**适用**：工作场合。

　　　　　　　　　　　内容：姓名＋单位及部门＋职务或从事的具体工作。

　　　　　　　　　　　案例：你好,我叫董腾健,是浙江商贸公司的销售经理。

（二）应酬式　　　　　**适用**：公共场合、社交场合。

　　　　　　　　　　　内容：姓名。

　　　　　　　　　　　案例：你好,我叫董腾健。

（三）交流式　　　　　**适用**：社交活动中,希望与交往对象进一步交流与沟通。

　　　　　　　　　　　内容：姓名＋基本情况（工作、籍贯、学历、兴趣及与交往对象的共同人际关系等）。

案例：你好，我叫董腾健，在浙江商贸公司工作。我是小孙的同学，是宁波人。

（四）问答式

适用：应试、应聘和公务交往。

内容：有问必答，问什么就答什么。

案例："董先生在哪高就？""我在浙江商贸公司工作。"

（五）礼仪式

适用：讲座、报告、演出、庆典、仪式等一些正规而隆重的场合。

内容：姓名+单位+职务+谦辞（敬辞）。

案例：大家好，我是浙江商贸公司销售部经理董腾健，很荣幸能给诸位分享我的销售心得。

二、自我介绍的方法

可以从介绍自己姓名的含义切入，可以适当展开，提倡有幽默感；可以从自己所属生肖切入，各类生肖都有很丰富的寓意，适当发挥能带来较好的现场效果；可以从自己的职业特征切入；可以从对事业的态度切入；可以从正在谈论的热点话题切入等。

　　大家好！我是董腾建。来到我们公司虽然只有一天的时间，但在这短短的一天里，在和张总、龚总、刘部长等领导的沟通交流中，我深切感受到我们公司优秀的企业文化：精益求精，不断创新，对员工关怀无微不至……这些都让我感到加入这家公司是幸运的，能成为公司的一员，我感到无比自豪，相信这种自豪感将使我更有激情地投入到工作中。

　　作为一名新员工，尽管在过去的工作中有过一些工作经验，但进入一个新的环境，难免还是有压力的。所以在以后的工作中免不了要向各位领导和同事请教。为了能让自己尽早进入工作状态，我会主动了解、适应环境，不断提高自己的业务水平，将自己优秀的一面展现给公司，并在充分信任和合作的基础上建立良好的人际关系。除此之外，我还要时刻保持高昂的学习热情，不断补充知识，提高技能，以适应公司发展。我相信：我有潜力把握机遇，与各位领导和同事一起迎接挑战！

项 目 实 训

一、案例分析

1. 你觉得邢芸同学的自我介绍怎么样?

各位领导、同事:

大家好!

我叫邢芸,芸是芸芸众生的芸。我告诉大家一个秘密,你们要经常喊我的名字,你们就会得到好运。因为我的名字的谐音就是:幸运!我一直认为,人的一生就像城市中的公交车,有许许多多的车站,每到一个车站就意味着一个新的起点。怀着美好的希望和从零开始的心态,我加入了我们这个团队。我刚入职场,还很不成熟,希望各位领导同事不吝赐教!在此谢谢了!

2. 下面是有关自我介绍的几种方式,请分析每种方式的特点。

(1)我叫张莉,弓长张,茉莉花的莉。到今年12月17日满18岁。我性格开朗。爱好广泛,特别喜欢唱歌、跳舞、读小说。我愿意和同学们友好相处,共同进步。

(2)我叫王鹏飞。大家选我当班长,我感到很荣幸。父母希望我如大鹏展翅,扶摇万里,我却希望我们的班集体能乘风直上,奋勇腾飞。

(3)我叫李洁。我的名字多少反映出我的特点:爱好整齐、清洁。也许正因为这一点,我当上了生活委员。生活委员的日常工作是代同学们热饭、买饭票和组织值日、扫除。当我为同学们做了一点事的时候,我并不期望听到"李洁(理解)万岁"的欢呼;当我因做值日和同学发生摩擦的时候,我衷心希望李洁能得到"理解"。

(4)我叫高威武,身高1.63米,又干又瘦,实在是既不高也不威武。但是我身上的傲骨一块也不缺,我丝毫也不为自己的形象自卑。如果有谁坚持以貌取人,我倒愿意在围棋上同其较量较量,以证明我大脑的过人之处。

(5)我父亲姓贾,我妈常叫我继兴,我的小名有失文雅,并且已成为我奶奶的专利,恕不奉告。本人以记忆力超群而自豪,遗憾的是老记不准历史年代,于是乎同学们无意中就把我叫作"假记性"。不过,我得提醒各位,对于好人好事,我能记得一清二楚。

(6)一位工人诗人这样自我介绍:"一个胸藏锦绣的黑脸大汉,一个朋友如潮的孤独者,一个别人认为他自信、幽默,而他内心却时时产生危机感的年轻人——这就是我,刘长青,爱诗歌的大桥工人。"

(7)一位配音演员这样自我介绍:"我可以这样说话——(瓮声瓮气)猴哥,哪儿有妖怪？我还可以这样说话——（尖声尖气）八戒，她就是妖怪！我还可以这样说话——（女声女气）长老，快救救小女子。以上是我，配音演员于民的说话方式。"

二、实践题

1. 认识我

对自我的认知是为了更好地展现自我。

我的认知——生理

请拿出一面镜子，仔细观察自己，然后按照下面的格式完成练习。

（例如：我喜欢自己的眼睛，它很亮很有神采，让我看上去很精神。）

我的认知——心理

请用 10 分钟的时间在教室周围找一个能够代表自己个性特征或物品，并向在场的每位同学展示你所选的物品并解释它为什么能代表你的性格。

（例如：我选了一块石头，因为它坚硬，能代表我性格中坚强的一面。）

我的认知——社会

请根据小组成员及日常生活中朋友对你的评价，完成下列内容。

（1）朋友最欣赏自己对朋友的态度是……

（2）朋友最欣赏自己对学习的态度是……

（3）朋友最欣赏自己的一次成功是……

（4）朋友最欣赏自己的性格是……

（5）朋友最欣赏自己对家人的态度是……

（6）朋友最欣赏自己做事的态度是……

（7）总的说来，我……

2. 介绍自己

请根据对自我的认知结合具体的场景介绍自己。

介 绍 自 己

在下列场合,我会这样介绍自己,来展现自我。

(1)朋友聚会时。

(2)邀请老师担任某项活动的评委时。

(3)作为新职员时。

(4)作为销售人员时。

(5)拜访客户时。

为他人作嫁衣裳
——认识他

情景导入

小孙在客服部工作已经快一个月了，由于工作表现良好，加上出众的仪表和得体的服饰，领导安排她作为接待组成员，参与重要客户的接待工作。根据公司的工作安排，最近有一家重要合作伙伴的贵宾团前来明星集团考察。由于小孙与贵宾团的团长相识，因此公司安排小孙陪同领导接待。小孙在双方见面的时候，先将团长热情地介绍给身边的领导。小孙的接待行为引起了身边领导的不满。

在人际交往活动中，经常需要在他人和他人之间架起人际沟通的桥梁，在礼仪学上，这被称为"他人介绍"或"第三者介绍"。他人介绍必须把握一些基本的礼仪要点，像小孙那样反而会弄巧成拙。

项目设定与分析

我是介绍人

小孙所在的明星集团邀请了著名营销专家李教授,请他做一个关于有效沟通的讲座。董腾健对讲座很感兴趣,想与李教授有进一步的交流。由于小孙在工作中曾与李教授有过接触与合作,因此董腾健想让小孙在讲座结束后把自己介绍给李教授。

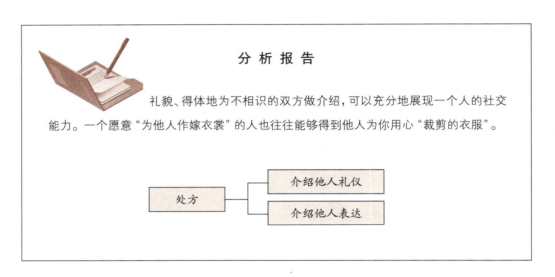

分 析 报 告

礼貌、得体地为不相识的双方做介绍,可以充分地展现一个人的社交能力。一个愿意"为他人作嫁衣裳"的人也往往能够得到他人为你用心"裁剪的衣服"。

处方 —— 介绍他人礼仪
—— 介绍他人表达

项目实施

任务1:介绍他人礼仪

他人介绍,又称第三者介绍,是为互不相识的第三者双方引见、介绍的一种交际方式。他人介绍,通常是双向的,即对被介绍双方各作一番介绍。有时,也进行单向的他人介绍,即只将某一方介绍给另一方。

一、介绍他人的时机

遇到下列情况,一般有必要进行他人介绍。

(1)与家人外出,偶遇家人不相识的同事或朋友。

(2)本人的接待对象遇见了其不相识的人士,而对方又跟自己打了招呼。

(3)在家中或办公地点,接待彼此不相识的客人或来访者。

(4)打算推介某人加入某一方面的交际圈。

(5)收到为他人作介绍的邀请。

（6）陪同上司、长者、来宾时，遇见了其不相识者，而对方又跟自己打了招呼。

（7）陪同亲友前去拜访亲友不相识者。

二、介绍他人的一般顺序

为他人做介绍时的礼仪顺序大致有以下几种。

（1）介绍上级与下级认识时，先介绍下级，后介绍上级。

（2）介绍长辈与晚辈认识时，应先介绍晚辈，后介绍长辈。

（3）介绍年长者与年幼者认识时，应先介绍年幼者，后介绍年长者。

（4）介绍女士与男士认识时，应先介绍男士，后介绍女士。

（5）介绍已婚者与未婚者认识时，应先介绍未婚者，后介绍已婚者。

（6）介绍同事、朋友与家人认识时，应先介绍家人，后介绍同事、朋友。

（7）介绍来宾与主人认识时，应先介绍主人，后介绍来宾。

（8）介绍与会先到者与后来者认识时，应先介绍后来者，后介绍先到者。

基本原则：尊者有优先知情权，即应使尊者优先了解情况。

在某些非正式的场合中，不用拘泥礼节、过于讲究谁先谁后。

三、集体介绍的顺序

集体介绍时的礼仪顺序大致有以下几种。

（1）一方为集体，另一方为个人：先将个人介绍给集体一方。

（2）双方都为集体且地位、身份相似：先介绍人数少的一方，再介绍人数较多的一方。

（3）双方都为集体，但地位、身份存在明显差异：先介绍地位低的一方，再介绍地位、身份高的一方。

（4）被介绍者为多方时：根据合乎礼仪的顺序，先确定各方的尊卑，由卑而尊按顺序介绍各方。介绍各方的成员时，也应按由卑到尊的顺序，先幼后长、先男后女或者按照座次顺序依次介绍。

基本原则：先卑后尊、先少后多、先主后客。

四、介绍人

（1）公务交往：介绍人应由公关礼仪人员、秘书担任。

（2）社交场合：介绍人应由女主人或与被介绍的双方均有一定交情者充任。

课堂互动

1. 酒会上，有一个女客户小张想请你帮她介绍另一个男客户小李，请问你应该按什么样的顺序来作介绍？

2. 受百横有限公司董事长赵时的邀请，天马有限公司董事长陈明携其公司总经理王鹏、副总经理刘思、邱德与员工孙笛，前往百横公司进行考察。百横有限公司派出办公室主任邓行、副主任李更以及职员潘晓、陈密进行接待。

请根据介绍他人礼仪分析彼此介绍的顺序。

任务2：介绍他人表达

介绍他人礼仪
微课

一、介绍他人的方法

由于实际需要不同，为他人作介绍时的方式也不尽相同。在实际生活中主要有以下几种介绍方法。

（一）标准式

适用： 正式场合。

内容： 姓名+单位+职务。

案例： 请允许我来为两位引见一下：这位是明星集团人力资源经理孙瑛，这位是浙江商贸公司销售部经理董腾健。

（二）简单式

适用： 一般的社交场合。

内容： 姓名（或姓氏）。

案例： 我来为大家介绍一下：这位是孙小姐，这位是董先生。

（三）强调式

适用： 需要强调被介绍者与介绍者之间的关系。

内容： 两者间关系。

案例： 大家好！这是犬子董腾健，在浙江商贸公司销售部做经理，请各位多多关照。

（四）引见式

适用： 普通场合。

内容： 随意，根据情境而定。

案例： 两位认识一下吧。大家其实都曾经在一个公司共事，只是不是一个部门。那请你们自己介绍一下自己吧。

（五）推荐式

　　适用：较正规的场合。

　　内容：被介绍者的优点。

　　案例：这位是董腾健先生，这位是海天公司的赵海天董事长。董先生是营销界的奇才，曾创下一天销售额100万元的奇迹。赵总，我想您一定有兴趣和他聊聊吧。

（六）礼仪式

　　适用：非常正式的场合。

　　内容：姓名＋单位＋职务。要求语气、表达、称呼规范和谦恭。

　　案例：孙小姐，您好！请允许我把浙江商贸公司的销售部经理董腾健先生介绍给您。董先生，这位就是明星集团的人力资源经理孙瑛小姐。

二、注意介绍时的细节

在介绍他人时，介绍者与被介绍者都要注意一些细节。

（1）介绍者为被介绍者做介绍之前，要先征求双方被介绍者的意见。

（2）被介绍者在介绍者询问自己是否有意认识某人时，一般应欣然表示接受。如果实在不愿意，应向介绍者说明缘由，取得谅解。

（3）当介绍者走上前来为被介绍者进行介绍时，被介绍者双方均应起身站立，面含微笑，大大方方地目视介绍者或者对方。

（4）当介绍者介绍完毕，被介绍者双方应依照合乎礼仪的顺序进行握手，并且彼此使用"您好""很高兴认识您""久仰大名"和"幸会"等语句问候对方。

课堂互动

　　项目设定中小孙应该选择一个什么样的合适时机将董腾健介绍给李教授呢？按什么顺序介绍？介绍什么内容？怎样表达？请讨论并表演。

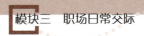

项 目 实 训

1. 请设计具体情境,将你的一位同学介绍给你的老师。

我要介绍的同学是……

我设计的情境是……

我会这样介绍……

老师对你介绍的评价……

2. 浙江商贸公司董事长、经理和经理助理一行三人应邀到明星集团参加一个活动,在明星集团大门口等待的是公司董事长、经理和礼宾工作人员。双方见面时,应分别由谁来介绍? 介绍的顺序是怎样的? 要求:小组讨论,确定最佳方案,并上台试演。

相逢何必曾相识
——我们是朋友

情景导入

　　董腾健参加工作后第一次在办公室约见一个重要的客户方经理。见面之后，客户就将名片递上。董腾健看完后随手将名片放在桌子上，两人继续谈事。过了一会儿，服务人员将咖啡端上桌。董腾健喝了一口，将咖啡杯放在了名片上。客户方经理皱起了眉头。

　　步入职场，我们不得不去面对各种人际关系。那么，在职场交际中，我们该如何与客户进行沟通，给客户留下好印象，使自己获得更多的朋友，助自己的事业更上一层楼呢？

新产品发布招待酒会

　　一年一度的商品博览会又在美丽的西子湖畔召开了。董腾健与公司老总一起，代表浙江商贸公司参加了此次盛会。博览会召开期间，董腾健将受邀参加几次商业活动，包括新产品发布会、客户的招待酒会等。

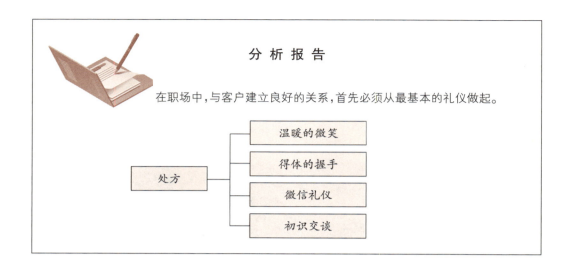

分析报告

在职场中,与客户建立良好的关系,首先必须从最基本的礼仪做起。

处方
- 温暖的微笑
- 得体的握手
- 微信礼仪
- 初识交谈

项目实施

任务1：温暖的微笑

一、微笑的作用

微笑是人际关系的润滑剂,是参与社交的通行证,也是待人处世的法宝。在人际交往中,起着重要的作用。

（一）融洽气氛

微笑有一种天然的吸引力,能使人相悦、相亲、相近,能有效地缩短双方的心理距离,打破交际隔阂,为深入的沟通与交往创造真诚、融洽、温馨的良好氛围。

（二）减少摩擦

微笑是善意的标志、友好的信使、礼貌的表示。当碰到他人向你提出无法满足的请求或要求时,若板起脸来拒绝,往往会招人反感。而微笑不但可以为你赢得思考的时间,而且可以使你的拒绝让人容易接受,有利于不伤和气地解决问题。

（三）美化形象

微笑给人以亲切、甜美的感受,是一个人最美的神态。一个善于微笑的人,心理一定是健康的,因为笑口常开的人,一定是一个心地善良、心胸豁达、乐观向上的人；也一定是一个热爱工作、奋发进取、充满自信的人。因此,善于微笑的人,往往会赢得他人的好感和信赖。

二、微笑的规范

微笑是社交场合最富有吸引力的面部表情。在人际交往中,使用文明得体的语言再配以微笑,会显得相得益彰。

微笑要发自内心，不强颜欢笑。一个真诚的笑容需要颧肌和眼轮匝肌一起收缩，外在的表现就是眼睛会眯起来。只要你是真心在笑，你的整张脸就是向上扬起的，你的眼睛一定是注视着对方的。因此，判断一个人是真笑还是假笑，观察他的眼睛。如果嘴角上咧但眼角肌不动，那肯定是假笑。

三、微笑的练习方法

方法一：

首先把手举到脸前；

然后一边上提面部肌肉，一边使脸充满笑意。

方法二：

把手指放在嘴角处并向脸的上方轻轻上提；

双手按箭头方向做"拉"的动作，一边想象笑的形象，一边笑起来。

方法三：

手张开举在眼前，手掌向上提，并且两手展开；

随着手掌上提，打开，眼睛一下子睁大，微笑起来。

课堂互动

1. 请用规范标准的普通话大声朗读"引"，每次朗读10遍，体会颧肌提起的感觉。

2. 用一张纸或一本书遮住自己的口部，让你的同学观察你的眼睛并判断你是真笑还是假笑。

任务2：得体的握手

握手是世界各国通行的礼节。多用于见面时的问候与致意、告别时的致谢与祝愿。作为日常交往的一般礼仪，握手虽然司空见惯，却又可以传递许多信息。轻轻一握之中，可以传达热情、真诚、殷切、感谢的情愫，也可以传递出敷衍、冷漠、轻视等态度。因此，绝不能等闲视之。学习握手礼，应掌握的要点有握手的场合、握手的顺序、握手的姿态、握手的基本规范、握手的禁忌等。

一、握手的场合

下列时刻，一般应与别人握手。

- 较长时间未曾谋面的熟人。
- 被介绍与人相识，双方互致问候时。
- 对他人的成就或喜事表示祝贺时。
- 领取奖品，向颁奖者表示谢意时。
- 参加社交活动，向主办方表示谢意时。

二、握手的顺序

社交活动中，握手代表了一定的情感态度，表达的是对对方的友好与尊重，因此，按照什么顺序握手，这个问题就显得十分重要。社会交往中，握手应遵循"三优先"原则。

（一）长者优先

以"长者为尊"的伦理标准为依据，年长者先伸出手，年幼者方可伸手相握。

（二）女士优先

女士先伸出手后，男士方能伸手相握。

（三）位高者优先

职位高的人先伸出手，职位低的人才能伸手相握。

握手礼仪

核心原则：尊者优先。

三、握手的姿态

● 距离受礼者约一步,两足立正,上身稍向前倾,伸出右手,四指并齐,拇指张开与对方相握。

● 通常握手时微微抖动3 ～ 4次,然后松开对方的手,恢复原状。

● 与关系亲近者,握手时可稍加力度和抖动次数,甚至双手交叉、热烈相握。

四、握手基本规范

掌心相对,对等相握,上下抖动,3 ～ 4次为宜,力量适中。

● 握手要热情。握手时双目要注视着对方的眼睛,微笑致意,并且口道问候。

● 握手要注意力度。握得太轻,或只触到对方的手指尖,会让人觉得你傲慢或缺乏诚意;握得太紧,对方则会感到你太过热情,不善掩饰内心的喜悦,或觉得你粗鲁、轻佻而不庄重。

● 握手应注意时间。普通情况下,握手时一般抖动3 ～ 4次即可。

五、握手的禁忌

● 忌不讲先后顺序。正式场合,尊者优先。

● 忌戴手套握手。在社交活动中,男士必须在与他人握手前脱下手套。女士如果手套是其服装的组成部分,允许戴着手套和他人握手。

● 忌用左手握手。右手握手是职场礼仪的基本要求。

● 忌握手时身体其他部分行为不规范。例如,将另外一只手插在衣袋里;握手时东张西望、左顾右盼。

● 忌交叉握手。在社交场合,如果要握手的人较多,可以按照一定的顺序进行,例如,由近及远或从左到右依次与人握手。

● 忌握手时手部不洁净。与对方握手之前,应该保持手部的洁净,否则是对对方的不尊重。另外,也要避免与他人握手后用手帕擦手。

不同握手方式表现出的握手语言

1. 标准式的握手

这种握手也称"平等式"的握手。具体表现为双方手心向左,握住对方。这是一种单纯的、礼节性的表达友好的方式。

2. 双握式的握手

这种握手方式具体表现为,在用右手握住对方右手时,再用左手握住对方的手背、小臂、上臂或肩部。表达含义是热情真挚、信赖对方。

3. 支配式的握手

这种握手也称"控制式"的握手。具体表现在,用掌心向下或向左下的手势握住对方的手。表达的含义是主动、傲慢、处于支配地位。

4. 谦恭式的握手

这种握手也称"乞讨式"、顺从性的握手。具体表现为用掌心向上或向左上的手势与对方握手。表达含义是对对方尊重、敬仰;自己谦和、容易接近,愿意受对方支配。

5. "死鱼"式的握手

这种握手具体表现为,握手时伸出一只无任何力度、质感,不显示任何信息的手。表达的含义是冷漠无情、消极傲慢;或者是生性懦弱。

6. 捏手指式的握手

这种握手具体表现为,有意或无意地握住对方的几个手指或指尖。这是异性之间表示矜持、稳重的一种握手方式;用在同性之间则表示冷淡、生疏或地位尊贵。

7. 虎钳式的握手

这种握手具体表现为,两手握得很深、很紧、很久。表达的含义是久别重逢的思念、牵挂,多用于朋友之间。

8. 抠手心式的握手

这种握手具体表现为两手相握,不是很快松开,而是慢慢滑离,手指在对方手心适当停留。表达含义是依依不舍,不愿离别。握手的力度:有力表示诚意、决心、信任、感激等含义;无力表示冷漠、应付、不信任等含义。

——资料来源:《微动作心理学》,冯丽莎,中国言实出版社2013年版,有改动

1. 在社交场合中,两对夫妻见面,依次该如何握手致意呢?

(提示:先是女性相互致意,然后男性分别向对方的妻子致意,最后是男性互相致意。)

2. 在明星集团举行的跨年酒会上,董腾健、孙瑛、张博三位大学同学相遇了,他们三人高兴地相互交叉握手,久久不放,热烈交谈。

案例中这三位年轻人的握手方式是否妥当?并请模拟。

3. 在社交场合、商务场合、公务场合中,男士与女士握手有什么区别?

(提示:社交场合,女士优先;商务、公务场合,身份优先。)

任务3:微信礼仪

互联网时代,使用微信聊天沟通已成为生活的一部分。那么在使用微信与人沟通时,有哪些需要注意的礼仪呢?

一、微信日常沟通礼仪

(一)添加礼仪

1. 写明基本信息

包括自我介绍、添加的目的、背景等。微信添加好友是相互的,每个人都有权利拒绝陌生人的添加请求。因此,在添加好友时建议加上正式简短的介绍,并表明自己的目的,这样可以打破尴尬,从而快速进入交流状态。如"我是东方苑2-101的业主小李,想咨询您关于车位租赁事宜"。添加成功后,应再次主动、详细描述一遍自身的基本情况及添加目的。

2. 不要多次添加

俗话说"事不过三"。人际交往应以对方为中心。一般情况下,如果添加请求发送2次以后,对方仍未添加自己,那就不要再发送请求了。

3. 不乱推名片

如果需要帮人介绍朋友,千万不要乱推名片,必须征得被推人的同意。

(二)聊天礼仪

1. 结论先行

开始聊天时,要把最需要沟通的事项放在最前面,让对方一目了然。先列出结论,再说具体事项,是商务社交中最好的聊天方式。

2. 少发语音

微信沟通时，尽量少发语音。发语音是为了方便自己，而打字是为了方便别人。如果非要用语音，建议在发送之前，先征询对方是否方便听。

3. 尽量简洁

发送信息时，措辞尽量简洁凝练。建议一件事情一条信息，而不是一句话一条信息，避免让对方陷于密集的信息提示音中而产生压迫感。

4. 及时回复

别人发消息而来不及回复时，开启聊天后一定要先礼貌地解释清楚原因，不要使对方产生误会。特别是对公司的客户一定要注意这一点。

5. 慎用表情包

微信表情包是对文字聊天的一种补充，很多时候可以达到缓解气氛的效果，但对表情含义的理解会因人而异，甚至有人厌烦表情，因此使用时要注意对人对事，必须慎重。比如，"微笑"（😊）这个表情，在一些人看来，这个表情上半部眼轮匝肌无收缩，伴随着视线向下转移，表明这个笑容不仅是假笑，而且映射出负面的心态，是一个不想理会对方、对对方不屑一顾且暗含嘲讽之意的表情。

6. 看懂潜台词

当对方以"嗯""哦""哈哈""我要去吃饭了"等语言回复时，应该读懂对方的潜台词，礼貌地结束聊天。

7. 沟通重要事情要打电话

重要的事情要直接打电话，微信沟通的时间成本更大，并且容易丢失重要信息。

（三）朋友圈礼仪

1. 不刷屏

有些人很愿意与朋友分享个人的私生活，这本来无可厚非，但千万不要把朋友圈当成你的"秀场"，连续不断地发，这会引起他人的反感。

2. 不发与他人的聊天记录

不征得对方允许，最好不要把与对方的聊天记录发至朋友圈，这种行为非常不礼貌。如果对方同意发布，建议将对方的头像与姓名进行马赛克处理。

3. 不"沉默转发"

转发他人的文章或发布的内容，最好有自己的点评，而不是一转了之。尤其在商务场合，转发时加上自己的点评，不仅能体现自己的专业性，而且还能体现出自己对对方的重视。

4. 不发不良内容和"绑架"信息

绝对不能发布违反法律法规和有伤公序良俗的内容，也不要发布如"帮忙转发点赞从而使自己能低价购物"等"绑架"信息。

5. 不随意点赞

某小品有句台词："朋友圈里发留言,说我失恋了,没人安慰,没人同情,一群点赞的。"朋友圈互相点赞,是对朋友的鼓励、赞美,本身是值得肯定的做法。但如果未看清别人发布的信息,就随意顺手点赞,就可能伤害朋友的感情。

二、微信职场礼仪

现如今,微信已成为职场工作的工具,因此,在职场中,微信沟通也有着必须遵守的职场礼仪。

（一）微信的基本职场礼仪

1. 微信名

微信名宜用真实姓名,此外最好加上公司名称或产品名称。不要使用日常生活中使用的随意昵称。

2. 头像

用接近本人真实状态的图片做头像,有助于提升职场信任度。尽量避免使用卡通的、非主流的或怪异的头像。

3. 个性签名

个性签名应是职场信息的补充,这样可使别人第一时间了解自己。

4. 打招呼

打招呼时要先作自我介绍。想要了解别人,就要先认真介绍自己。

5. 建群

建群前先要征得他人同意。

6. 群名称

工作群的名称要突出主题,简洁明了。

7. 群昵称

进群后要及时修改群昵称,降低沟通成本。

（二）工作微信群的沟通礼仪

各种项目组、单位各部门等都会建立相应的工作微信群。在群里发言时,要注意遵守以下基本礼仪。

1. 及时回复信息

领导、同事在群里发了相关的任务、通知信息时,看到后要及时回应。

温馨提示

如果领导单独"@"你,收到指令后不要简单回复"哦""嗯"等随意的表述,这会显得很不情愿、很没礼貌。

2. 工作对接要"@"对方

需要在群里发布工作任务或汇报工作进程时，要"@"相关人员。和同事交接工作时，也要"@"对方，并简单说明情况。

3. 汇报尽量用一条信息说完

一般情况下，建议用一条信息有条理地讲述完具体事项。如果内容比较多，可以在一条信息中分几点来写，而不是一口气连发多条信息。这样容易造成"信息过载"现象。这会增加别人寻找需要信息的难度。

如果信息确实很长，不宜用一条信息发送，则需要考虑将信息编辑成文档，并将文档上传。

4. 不同意见私下沟通

在工作中如果有不同意见，建议开小窗私聊沟通，不要在工作群中争论，这会显得非常没有职业素养。

5. 尽量使用文字

在工作群中交流时，尽量使用文字。文字信息的读取环境更灵活，也更容易使别人查找。

6. 不发与工作无关的信息

不发与工作无关的信息是使用工作微信群的基本原则。

7. 工作完成后及时解散群

建立工作群的目的是共同完成某个专项任务。任务完成后，工作群就没有存在的必要了，应及时解散群。如果因任务变动退出工作小组，应礼貌地说明情况并退出工作群。

8. 注意措辞

使用工作群发布信息时，一定要认真斟酌言辞，强化逻辑，删除不必要的描述，不使用情绪化的语言和日常生活用语。

课堂互动

1. 与同学们交流你最不能容忍的微信沟通行为。

2. 董腾键刚步入职场时，受邀与总经理一起参加一次新品展示会。在当晚的酒会上，董腾健觉得这是一个人认识朋友、推销自己的绝好机会。因此，他掏出手机，打开微信二维码，在酒会上挨个请客户扫码添加自己。结果回到酒店后，总经理狠狠地批评了他。你能说说这是为什么吗？

3. 请根据正确的添加礼仪，模拟微信添加好友的流程。

任务4：初识交谈

人，是社会性动物；沟通，是人类社会交际的基本方式；交谈则是我们日常生活中最为常见、使用最为广泛的沟通方式。人们在相互交谈中传递信息、交流思想、沟通情感，从而达到交际的目的。

一、交谈礼仪

交谈作为我们最常见的沟通方式，有其基本的礼仪规范。

（1）表情自然，语气亲切，表达得体。说话时可适当做些手势，但动作不要过大，更不要手舞足蹈，不要用手指人。与人谈话时，不宜与对方离得太远，但也不要离得过近，不要拉拉扯扯、拍拍打打。谈话时不要唾沫四溅。

（2）不打断、不旁听别人谈话。若有事需与某人说话，应等对方说完自己再说。有人与自己主动说话，应积极回应。有第三者加入对话，应以握手、点头或微笑表示欢迎。发现有人欲与自己交谈，可主动询问。谈话中遇有急事需要处理或需要离开，应表示歉意。

（3）多人交谈时，不能冷落某一人。如果所谈问题不便让其他人知道，应另找场合交谈。

交 谈 要 点
1. 适时发表意见，及时反馈。 2. 善于听对方说话。 3. 目光注视对方。 4. 不便谈论的问题，不轻易表态，并及时转移话题。

交 谈 忌 讳
1. 左顾右盼、心不在焉、注视别处、看手表、伸懒腰、把玩物品。 2. 提及个人隐私的问题。

二、初识交谈的口语技巧

（一）使用礼貌语

谈话中要使用礼貌语言，如"你好""请""谢谢""对不起""打搅了""再见""好吗"等。

（二）慎重选话题

一般来说，对于彼此不是很熟悉的人而言，我们可以尝试从以下几方面展开话题。

★ 目前社会上的热门话题，并征询对方的看法。

★ 谈论对方感兴趣的事情或对方熟知的事情，如对方所从事的行业。

★ 谈论当下你感兴趣的话题，并征询对方的意见。

★ 谈论双方刚看过的一部电影，并征询对方的感受。

★ 评论你所参加的活动，并询问对方对此活动的看法。

这些话题可以挨个尝试使用,有助于找到双方都感兴趣的话题。当然,在社交场合,也可以谈论天气、新闻、工作、业务等方面的话题。

(三)善用习惯语

> **熟人见面**:"你吃饭了吗?""你到哪里去?""今天天气不错!""最近身体好吗?""最近如何?""一切都顺利吗?""好久不见了,你好吗?""夫人(先生)好吗?""孩子们都好吗?""最近休假了吗?"
>
> **接见外宾**:"你这是第一次来我国吗?""到我国来多久了?""这是你在国外第一次任职吗?""你喜欢这里的气候吗?""你喜欢我们的城市吗?"
>
> **分别时**:"很高兴与你相识,希望再有见面的机会。""再见,祝你周末愉快!""晚安,请向朋友们致意。""请代问全家好!"

课堂互动

1. 设想你分别与一位老人、一名初中生进行交谈,你将如何选择交谈的话题?

2. 小董是刚来参加工作的秘书,一次奉命接待一名公司的客户。客户来到公司,小董看见了,上来就说:"陈先生,我们经理让你上去。"这位陈先生一听,心想:我又不是你们的下属,凭什么让我上去就上去,哪有这样做生意的!一气之下就对小董说:"你们要想做生意,自己来找我,我回宾馆了。"

以上述案例为例,讨论一下我们在与人见面交谈时应该要注意哪些礼仪。

项 目 实 训

一、案例分析

1. 明星公司的王总非常喜欢书法,每天中午的休息时间都会在公司的书画室与几位志同道合的下属一起切磋,其中潘经理是与王总切磋最多的一位。最近,潘经理拜名家为师练习篆书,王总也尝试着学写篆书。某日中午,王总刚完成一幅篆书作品,潘经理一边欣赏一边说:"王总,我觉得我们书法班的老师有一句话说得特别有道理,他说,书法最重要的是细节,再小的一个点,也要写到位,这样整个字才会有精神。"王总听了,看着自己作品上的点,深以为然。

你觉得潘经理的这次交谈成功吗？如果是你，你会如何指出王总作品中的缺点呢？

2. 董腾健参加工作后认识了几位女性同事。有一次，董腾健在公园遇到了同事张小姐。董腾健很高兴地上去打招呼，向张小姐伸出了热情之手，结果张小姐却不将手伸出来与他握手，董腾健只好尴尬地将手缩回。

如果你是董腾健或张小姐，你会怎么做呢？请讨论并表演。

3. 在某次接待服务中，小孙因与考察团的团长较为熟识，所以她陪同主要迎宾人员前往机场迎接。当考察团一行到达后，小孙立即面带微笑上前，伸出双手，先于部门领导与团长握手致意，表示欢迎，然后再一一介绍身边的部门领导。

你觉得小孙的接待有问题吗？如果是你，你会怎么做？

4. 某公司新建的办公大楼需要添置一批办公设备，价值数百万元。公司的总经理已做了决定，向A公司购买这批办公设备。

这天，A公司的销售部负责人打电话来，要上门拜访这位总经理。总经理打算等对方来了，就在订单上盖章，定下这笔生意。

不料对方比预定的时间提前了两个小时就到了。原来对方听说这家公司的员工宿舍也要在近期落成，希望员工宿舍需要的设备也能向A公司购买。为了谈这件事，销售负责人还带来了一大堆的资料，摆满了台面。总经理没料到对方会提前到访，刚好手边又有事，便请秘书让对方等一会儿。这位销售员等了不到半小时，就开始不耐烦了，一边收拾起资料一边说："我还是改天再来拜访吧。"

这时，总经理发现对方在收拾资料准备离去时，将自己刚才递上的名片不小心掉在了地上，对方却并没有发觉，走时还无意从名片上踩了过去。看来只是个不小心的失误，却令总经理改变了初衷。A公司不仅没有机会与对方商谈员工宿舍的设备购买，连几乎到手的数百万元办公设备的生意也告吹了。

你能说说这笔生意为什么会告吹吗？

二、实践操作题

1. 在课堂内以三人为一组，练习介绍、握手的正确手势。

2. 接受了前一次的教训后，董腾健对微信的添加礼仪有了更进一步的理解。最近公司又要举办新产品展销会，当地知名企业集团的李总经理（男）、赵董事长（男）、陈总经理（女）都会参加。作为浙江商贸公司销售部经理的董腾健，该如何成功添加这几位嘉宾的微信？他该如何表达？应注意哪些礼仪？请讨论并模拟表演。

模块实训
——职场交往情景模拟

项目说明

一、项目实施目的

学生通过本项目的实施，进一步了解与巩固职场交际的基本礼仪；能根据职场实际，合理地设计仿真情境，并根据所掌握的职场交际礼仪提出合理的解决方案，从而提升职场交际礼仪的具体运用能力。

二、项目开展方式

以小组为单位，根据所掌握的职场实际情境，合理地设计仿真式职场情境。根据情境需要提出具体的决策方案并展示。考查的要点包括：办公室沟通礼仪、微信礼仪、介绍礼仪、握手礼仪、微笑礼仪等。

三、项目实施建议

本项目以教学班级为单位进行，以4～6人为一个小组展开为宜。

项　目　实　施

项目实施的整个过程可分为项目准备阶段、项目实施阶段和项目总结阶段。

一、项目准备阶段

（1）项目指导教师应提前一周告知学生项目实施的目的、要求等，并要求学生自行分组和准备。

（2）项目指导教师应根据班级人数，准备合适的实训室。

（3）小组提前3天设计完成模拟情境及解决方案，情境中必须涉及至少3个礼仪知识考查点。

（4）项目小组自行准备项目实施所需的道具。

（5）每个小组自定一名成员参与项目实施阶段的评分、考核。

（6）拟定评价标准。

二、项目实施阶段

（1）准备环节：提前完成场地的简单布置；检查音响；完成各小组出场顺序抽签。

（2）展示环节：小组根据抽签顺序展示，每组时间5分钟左右。

（3）评委提问：评委在小组展示完毕后提问，小组派代表回答，时间3分钟。

（4）评委评分。工作人员统计成绩。

三、项目总结阶段

学生项目实施操作完毕后，项目指导教师和学生应及时进行总结。总结工作包括：

（1）项目指导教师从知识的掌握、技能的形成及学生的表现出发，对整个实训做总评。

（2）学生对项目实施过程进行点评和反思，并形成项目实训报告。报告内容包括：① 团队组建。列出团队名称、列出项目组长、信息搜集员、信息整理员、情境设计师、信息答辩员及各位情境展示员的姓名、特长及在本项目中的职能职责。② 项目总结与反思。对团队的总体表现及各组成员的表现进行评价；指出团队的不足之处与改进方向；各组选出一位优秀成员，并请小组代表说明为什么选这名同学为优秀成员。

项　目　实　施　条　件

（1）有可移动桌椅的教室。

（2）具有多媒体设备。

（1）项目实施期间，要求学生遵守纪律，尊重指导教师，虚心求教。

（2）项目参与学生必须按时参加，不得擅自提前结束或不参与。

（3）切实做好项目安排和项目记录，对项目实施过程中出现的问题，应及时记录。

附：

项目评分表

组 别	评 分 标 准				
	情境设计符合职场实际（20分）	礼仪点操作规范，言语沟通礼貌规范（50分）	问题回答清楚准确，充分体现对礼仪知识的掌握（20分）	礼仪考查点3个以上，设计合理（10分）	总 分
第一小组					
第二小组					
第三小组					
……					

模块四 职场商务交往

特别的爱给特别的你
——服务接待

情景导入

小孙负责在前台接待来访的客人和转接电话。每天上班后一到两个小时是她最忙的时候,电话不断,来访的客人也很多。一天,有一位与人力资源部何部长预约好的客人提前20分钟到达了。小孙马上通知人力资源部,何部长说正在接待一位重要的客人,请对方稍等。小孙转告客人说:"何部长正在接待一位重要的客人,请您等一下。请坐。"正说着电话铃又响了,小孙匆匆用手指了一下椅子,就接电话去了。客人面有不悦之色。小孙接完电话,赶快为客人送上一杯水,与客人闲聊了几句,以安抚客人的情绪。

作为公司的员工,每天需要和不同的客户保持联系,也会负责接待来公司考察交流的客户。公司与形形色色的客户建立起了联系,小孙也在每天的工作中不断成长。在公司的日常工作中,有哪些礼仪要点需要掌握呢? 上述案例中,小孙在接待中有哪些不妥的行为呢?

办公室来客接待

　　根据公司的工作日程安排,在三天后将会有一位多年合作的重要客户王经理前来明星集团洽谈业务。在经过了上一次接待的教训后,小孙打算在这次服务接待中好好表现自己。

分 析 报 告

　　职场交际礼仪可以体现个人的职业素养,对现代职场人士而言,拥有丰富的礼仪知识,以及能够根据不同的场合应用不同的交际技巧,往往会令事业更上一层楼。但在职场交际场合中做到事事合乎礼仪、处处表现得体着实不易。为了能在竞争激烈的职场中脱颖而出,必须掌握基本的职场交际礼仪。

```
                    ┌──── 完美细致的电话礼仪
          处方 ─────┤
                    └──── 规格对等的接待礼仪
```

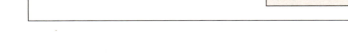

任务1：完美细致的电话礼仪

　　电话作为现代社会一种极为便利的通信工具,在职场交际中,发挥着重要的作用。电话礼仪不仅体现着个人的人品、性格,而且还能影响公司的声誉。因此掌握正确、礼貌的打电话方法是非常必要的。

　　一、接听电话礼仪

　　在接听电话时应遵守如下礼仪规范。

　　(一)接听及时

　　接听电话时,以铃响三声左右拿起话筒为宜。铃响超过三声后接起时应向来电者真诚地表示歉意:"对不起,让您久等了。"

（二）应对热情

首句问候"您好"，接着应自我介绍，并认真地接听电话。说话时要面带微笑，这会使声音听起来更为热情。语调要平稳、从容，切忌语言消极，爱搭不理。在电话中交流某些重要事情时，最好予以复述。

复 述 内 容

（1）对方的电话号码；双方约定的时间、地点。

（2）双方谈妥的产品数量、种类；双方确定的解决方案。

（3）双方达成一致的事情，以及仍然存在的分歧之处。

（4）其他重要的事项。

（三）尽快回复

如果遇到需查询的事项，应请对方稍等或记下联络方法，并尽可能地及时答复，切忌敷衍了事，也不要让人等得时间太长。

（四）准确传达

代转、代接电话，应慎重热情，对转达的内容要认真、准确地做好笔录，以免误事。

（五）礼貌用语

遇到打错的电话，应以礼明示，切忌冷言恶语。通话结束后，应礼貌致意，并等对方挂机后再挂断。

不规范与规范用语对比

不规范	规范
× 你找谁？	√ 请问您找哪位？
× 有什么事？	√ 请问您有什么事？
× 你是谁？	√ 请问您贵姓？
× 不知道！	√ 抱歉，这事我不太了解。
× 我问过了，他不在！	√ 我再帮您看一下，抱歉，他还没回来，您方便留言吗？
× 没这个人！	√ 对不起，我再查一下，您还有其他信息可以提示我一下吗？
× 你等一下，我要接个别的电话。	√ 抱歉，请稍等。

电话接听礼仪

接听电话的注意事项

（1）听到电话铃响，若口中正嚼着东西，不要立即接听电话。

（2）听到电话铃响，若正嬉笑或争执，一定要等情绪平稳后再接电话。

（3）接电话时要有精神地说出问候语。

（4）电话交谈时要配合肢体动作如微笑、点头。

（5）讲电话的声音不要过大，话筒离口的距离不要过近或过远。

（6）若是代听电话，一定要主动问客户是否需要留言。

（7）接听让人久等的电话，要向来电者致歉。

（8）电话来时正和来客交谈，应该告诉对方有客人在，待会儿回电。

（9）工作时接听重要但与工作无关的电话时，要长话短说。

（10）接到投诉电话，千万不能与对方争吵。

二、拨打电话礼仪

在拨打电话时应遵守如下礼仪规范。

（一）选择恰当的时间

不要在他人休息时打工作电话，一般在早上七点以前、中午休息、晚上十点之后，以及用餐时间都不适合打电话。

（二）通话时长合理

讲话内容精练简洁，打电话时尽可能将通话时长控制在3分钟之内。

（三）先作自我介绍

打电话的一方在接通电话后应先自报家门，切忌劈头直问："喂，××在不在？"

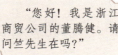

"您好！我是浙江商贸公司的董腾健。请问竺先生在吗？"

（四）拨错号码主动致歉

> 如果发现打错电话，应马上道歉，态度要诚恳。切忌强词夺理和直接挂断，结束通话前应核实是否号码错误。

（五）语速快慢适当

> 切忌放"连珠炮"或吞吞吐吐。在传达日期、数字、字母等关键信息时应在打电话前先反复核对。

注意：

需要留言时要讲清自己的姓名、单位名称、电话号码、回电时间、转告的简要内容等。对方告知的姓名要用笔记下来，以备查找。

课堂互动

1. 打电话时，谁先挂机？

（提示：尊者优先。）

2. 请依据"5W1H"的沟通要素，设计一份"电话记录单"。

3. 你公司的经理准备与新发展的客户王经理约时间商讨签合同的事宜，要求你电话联系确认，请模拟这一电话交流的过程，并完成电话记录。

任务2：规格对等的接待礼仪

迎来送往等接待工作，是职场交际中的一个重要环节。做好接待工作可以给对方留下良好的第一印象，是每一位员工责无旁贷的事。因此，我们有必要详细了解一下有关职场接待的基本礼仪规范。

一、接待用语

在接待活动中一定要使用规范的接待用语。

（一）接待常用语

多使用礼貌用语！

> "欢迎！"
>
> "请您稍等一下。"
>
> "谢谢！欢迎下次再来。"
>
> "实在对不起,让您久等了。"
>
> "感谢您的光临,请走好。"
>
> "对不起,您要找的人不在,有需要我帮忙的吗？"
>
> "没关系,我将尽力而为。"

（二）使用接待用语的注意点

（1）多用祈使句。

> "对不起,请您等一下。""对不起,请您先等一会儿,总经理正在开会,几分钟后能见您。"

（2）提出建议。

> "对不起,现在总经理很忙,但是陈副经理刚好没有预约,如果您方便的话,可以与我们陈副经理商谈。"

（3）拒绝要委婉,态度要诚恳。

> "实在很抱歉,我们主任正在主持一个重要会议,不能接见客人。您能否改一个时间,再与他见面？若可以,我将尽快给您安排。"

（4）恰当使用负正法。

> "如果您能推迟到明天再谈,可能让您今天白跑一趟,但是,明天总经理会有更充裕的时间与你们商讨具体的细节。"

（5）倾听要耐心。

> 由于对象、时间、场合不同，接待人员要善于察言观色，注意宾客的语言和表情，使自己的话能说到点子上。

二、迎宾礼仪

见到客人的第一时间，应该马上做出如下的动作，简称为"3S"。

> 站起来（stand up）
> 注视对方（see）
> 微笑（smile）

> 迎客语言：
> "您好，欢迎您！"
> "您好，我能为您做些什么？"
> "您好，希望我能帮助您。"

具体应做到如下环节：

（一）做好信息资料的
　　　搜集工作

> 了解对方的背景，包括对方的年龄、性别、身份、来访目的、可能提出的问题、来访时间长短，如果是外资企业的外籍员工来访，还要了解对方所在国家的政治、经济、地理、历史、对外政策、领导人情况等，预先准备对方可能提出的问题。

（二）确定迎送规格

> 根据来宾的背景资料，按照与客户对等的原则，确定级别相当的人员或组织出面迎送。如果由于某种原因，级别相当的人员或组织不能出面，则可由职位相当者或副职人员代替，但要向客人解释，说明原因，表示歉意。

（三）热情迎宾

> 客人下车时接待人员应一手拉门，一手挡在车门框上沿，以免客人的头部碰撞到车顶门框。下雨天时要撑伞迎接，以防客人被雨淋湿。尤其是遇到老、弱、病、残、孕的客人，要特别主动帮忙，倍加关心。客人下车后，应主动上前握手问候，并作相应介绍或自我介绍，表示欢迎。

三、引导礼仪

（一）楼梯的引导礼仪

引导客人上楼时，应让客人走在前面，接待人员走在后面。

若是下楼时，应该由接待人员走在前面，客人走在后面。上下楼梯时，应注意客人的安全。

（二）电梯的引导礼仪

引导客人乘坐电梯时，接待人员先进入电梯，等客人进入后再关闭电梯门。到达时，接待人员按"开"的钮，让客人先走出电梯。

（三）走廊的引导礼仪

接待人员走在客人外侧二三步之前，客人走在内侧。

四、送客礼仪

在送别客人的时候要注意以下几点。

（一）真情告别

宾客离去时应施礼，感谢其光临并致告别语，如："祝您旅途愉快，欢迎下次再来！""祝您一路平安，希望我们合作愉快！"

（二）热情周到 ┆ 　　帮助宾客确认所携带的行李物品，帮助宾客将行李物品小心提送到车上。帮宾客关车门时，力度要恰到好处，不能太重，也不能太轻。太重会惊吓客人，太轻车门会关不上。还要注意，不要让宾客的衣服裙裤被车门夹住。

（三）规范合礼 ┆ 　　车门关好后，不能马上转身就走，而应等宾客的车辆启动时，面带微笑，挥手告别，目送车子离开后才能离开。

课堂互动

请两位同学上台假扮电梯门，其他同学根据下列情境表演进出电梯。

情境一：同事等电梯上楼。

情境二：公司领导与员工一同等电梯上楼。

情境三：公司领导、其他企业领导、公司接待人员等电梯下楼。

项 目 实 训

1. 请根据电话接听礼仪分析小应在电话接听过程中存在的问题。如果你是小应，你会怎么接听？请模拟。

人物：施总（远方公司董事长）；小应（现代企业董事长助理）

电话铃声响，小应接起电话。

小应：你好！这里是董事长助理小应。

施总：你好！请问你们周董在吗？

小应：请问你哪位？

施总：我是远方公司的施新，我找你们周董。

小应：哦，施董好！我们周董好像有事在忙。请问您有什么事吗？

施总：我直接跟他谈吧。你让周董方便时给我电话。

小应：哦，好的！施董再见。

说完后，小应马上挂断了电话。

2.你认为以下这位秘书在接待礼仪上有哪些失误?

某单位领导与刚来的客户正在会客厅里寒暄,秘书前来泡茶。他用手指从茶叶筒中抓了撮茶叶,放入茶杯内,然后冲上水……这一切,领导和客户都看到了。领导狠狠地瞪了秘书一眼,但碍于客户在场而不便发作。客户则面带不悦之色,一口茶水也没喝。

谈判时,双方讨价还价并发生争执。秘书觉得自己作为单位的一员,自然应该站在领导一边,于是与领导一起共同指责客户。客户拂袖而去。

领导望着远去的客户的背影,气得脸红脖子粗,冲着秘书嚷:"托你的福,好端端的一笔生意,让你给毁了,唉!"

秘书丈二和尚摸不着头脑,并不知道自己有什么失误,他为自己辩解:"我,我怎么啦?客户是你得罪的,与我何干?"

3.为什么鲍秘书受到了办公室主任的批评?

当来访客人走进某药业集团有限公司经理办公室时,鲍秘书正在办公桌前打印一份文件,他向客人点点头,并伸手示意请客人先坐下。10分钟后,他起身端茶水给客人,用电话联系好客人要找的部门,在办公桌前起身向客人道别,并目送其走出办公室。为此事,鲍秘书受到了办公室主任的批评。

4.请你说说张秘书这样做对吗? 如果换了你,你打算怎样做?

某公司的林平山,是一位刚从经济管理专业毕业的大学生。他毕业前在某公司实习,并针对该公司的管理模式撰写了毕业论文,其中的某些观点很得指导教师赏识,他本人也认为这些观点对该公司改革有一定作用。毕业进入该公司工作后,他自认为自己的观点和看法变得更加成熟,因此,小林很想找总经理谈谈。但他去找经理那天,恰好经理外出开会,只有经理办公室的张秘书在。张秘书正在看当天准备上报的统计表。张秘书很客气地让小林坐下,并告诉小林:"经理不在,有何意见,我可以代为转达。"于是,林平山就滔滔不绝地讲了起来。张秘书一边看报表,一边听对方讲,但精神却集中在报表上。小林言谈中常说"像我们这样的小公司",张秘书越听越不高兴,结果,没等这位大学生把话说完,张秘书便满脸怒气说道:"公司小是否埋没了你的才能? 你是大学生,大材小用,何不去大公司呢?"张秘书的冷嘲热讽,激怒了小林。最后,林平山非常气愤地离开了办公室。

5.请你说说李秘书该怎样挡驾。

李秘书正在前台接电话,忽然看见两位客人直接往办公区走。李秘书赶快叫住他们。客人有些不耐烦地说:"我们昨天刚来过,是找销售部钱经理的,昨天有点事没办完。"李秘书说:"对不起,请你们稍等一下。我马上通知钱经理。"电话接通后,钱经理说:"我不想见那两个人,请你帮我挡一下。"

6.按照原定计划,客户王经理要来明星集团签合同,顺便参观一下明星集团。领导让小孙负责接待。请分组表演接待的情境。

我有嘉宾宴正欢
——迎来送往

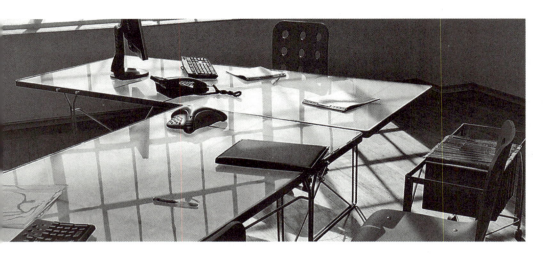

情景导入 ▶

　　小孙在入职明星集团人力资源部三个月后，第一次受公司委派独立前往拜访一位重要的客户。在那次拜访之前，小孙接受了公司前辈的指点，提前预约了拜访时间，根据客户的兴趣爱好准备了礼品。通过那次拜访，小孙取得了客户的信任，为公司发展了一个大客户。也因为这次的成功，小孙顺利升职，成为公司人力资源部的客服经理。

　　美国行为学家梅奥认为，交际沟通能力是现代企业领导者的第一能力。在商务交往中，如何获得交往对象的信任并进而开展良好的合作，是职场礼仪的重要内容之一。

项 目 设 定 与 分 析

开发新客户

　　小孙所在的明星集团最近又发展了一位重要的客户，鉴于小孙前一次的优异表现，公司这次仍将任务交由小孙负责。作为客服经理，小孙打算带领她的团队认真学习相关商务礼仪,以得体的商务交往来增进与客户间的友谊,并开展业务。

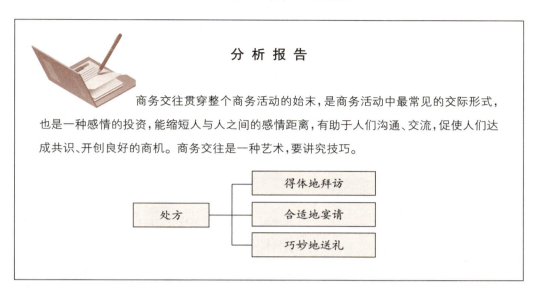

分 析 报 告

商务交往贯穿整个商务活动的始末,是商务活动中最常见的交际形式,也是一种感情的投资,能缩短人与人之间的感情距离,有助于人们沟通、交流,促使人们达成共识、开创良好的商机。商务交往是一种艺术,要讲究技巧。

处方
- 得体地拜访
- 合适地宴请
- 巧妙地送礼

项 目 实 施

任务1: 得体地拜访

拜访是商务交往中最普遍的一种交际形式,在设计拜访流程时,必须考虑以下几方面内容。

一、拜访的时间

一周中,尽可能避开周一上午、周五下午和休息日拜访。

在周一下午、周五上午以及周二至周四工作日拜访时应在客户上班一个小时之后进行。

到客户家中拜访,应在晚上七点半之后,最好选择节假日前夕。

拜访前应提前与对方预约。要按约定时间到达,不要失约或迟到。如因特殊情况不能前去,一定要提前告知对方,并表达歉意。

二、拜访前的准备

步骤1：准备好个人名片。

步骤2：资料准备，包括公司简介、产品介绍等相关材料，并且提前装入带有公司标志的手提袋中。

步骤3：准备合适的礼品。

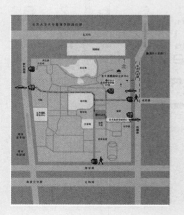

步骤4：提前熟悉路线。

三、拜访时的礼仪规范

（1）按时到达客户单位，在接待处自报姓名，并递上名片。

（2）在接待处静候时，不可大声喧哗、不要不停地看表，可以适当观察一下公司的环境。

（3）对方如果送上招待茶水，应起身表达谢意，双手捧接，并表示感谢。

（4）进入对方办公室时，应先轻轻敲门，即使门开着，也要敲门，当有人应声允许进入或出来迎接时方可入内。敲门一般轻敲三下即可。

（5）初见被访对象应主动打招呼，做自我介绍，交换名片，并对对方抽出宝贵时间见面表示感谢。

（6）离开时要主动告别，如果主人出门相送，应请主人留步并道谢，热情说声"再见""请留步"，不要起身后一语不发地走掉，这样显得很没有礼貌。

温馨小提示

拜访时千万不能这样：

穿着污秽且有皱纹的衣服

皮鞋没有擦亮

咀嚼口香糖

在下班时来访

领带歪斜不正

课堂互动

上班第一个月，董腾健接受公司委派，第一次单独前往东方贸易公司拜访营销部张经理。对于拜访客户，董腾健没有多少经验，你能帮忙提一些拜访前应做的准备以及拜访中应注意的事项吗？请以小组为单位模拟演示。

任务2：合适地宴请

在商务活动中，宴请是联络感情的重要方式。宴请的礼仪程序从准备宴请开始，就要精心设计，例如，安排客人的桌次、座次。宴请中，还要注意用餐礼仪。

一、宴请的形式

常见的宴请形式有宴会、招待会、茶会、工作餐四种。

（一）宴会

宴会是最正式、最隆重的宴请。宴会为正餐，坐着进食，由招待员顺次上菜。宴会按礼宾规格，可分为国宴、正式宴会、便宴、家宴。一般情况下，宴会持续时间为两小时左右。晚上举行的宴会较白天更为隆重。

◆ 国宴 　　国宴是国家元首或政府首脑为国家的庆典，或为外国元首、政府首脑来访而举行的正式宴会，规格最高。宴会厅内会悬挂国旗，一般有乐队演奏国歌及席间乐，席间有指定人员致辞或祝酒。

◆ 正式宴会 　　除不挂国旗、不奏国歌以及出席规格不同外，其余安排大体与国宴相同。有时也安排乐队奏席间乐。宾主均按身份地位排序就座。

◆ 便宴 　　即非正式宴会，常见的有午宴、晚宴，有时亦有早上举行的早餐宴。这类宴会形式简便，可以不排席位，不作正式讲话，菜肴道数，亦可酌减。便宴较随便、亲切，宜用于日常友好交往。

◆ 家宴 　　即在家中设便宴招待客人。这种形式的宴会亲切、友好、随意。家宴往往由主妇亲自下厨烹调，家人共同招待。

（二）招待会

招待会是指各种不备正餐、较为灵活的宴请形式，备有食品、酒水饮料，通常都不排席位，可以自由活动。常见的有冷餐会和酒会。

◆ 冷餐会（自助餐） 　　一般不排席位，菜肴以冷食为主，连同餐具陈设在餐桌上，供客人自取。客人可自由活动，可以多次取食。根据主、客双方身份，招待会规格和隆重程度可高可低。举办时间一般在中午十二时至下午二时、下午五时至七时。这种形式常用于官方举办的正式活动，以宴请人数众多的宾客。

目前国内举行的大型冷餐招待会，往往用大圆桌，设座椅，主宾席排座位，其余各席不固定座位，食品与饮料均事先放置桌上，招待会开始后即可用餐。

◆ 酒会（鸡尾酒会）

一般以酒水为主，略备小吃。不设座椅，仅置小桌（或茶几），以便客人随意走动。酒会举行的时间也较为灵活，中午、下午、晚上均可。请柬上往往注明整个活动延续的时间，客人可在其间任何时候出席和退席，来去自由，不受约束。

（三）茶会

茶会是一种简便的招待形式。举行的时间一般在下午四时或上午十时。通常设在会客厅，厅内设茶几、座椅，一般不排席位。如果是为某贵宾举行的茶会，入座时，主宾同主人坐到一起，其他人随意就座。

温馨小提示

茶会上，茶叶、茶具的选择要有所讲究，或具有地方特色。一般用陶瓷器皿，不用玻璃杯，也不用热水瓶代替茶壶。招待外宾一般用红茶，略备点心和地方风味小吃。亦有不用茶而用咖啡者，其组织安排与茶会相同。

（四）工作餐

工作餐是商务交往中经常采用的一种非正式宴请形式。按用餐时间分为工作早餐、工作午餐和工作晚餐。一般只请与工作有关的人员参加。工作餐以用长桌为常见，其座位排法与会谈桌席位安排相仿。在代表团访问中，常因日程安排紧凑而采用这种形式。

二、宴请桌次礼仪

一般家庭的宴会，饭厅置圆桌一张，自无主桌的区分，但如果宴会设在饭店或礼堂，圆桌至少有两桌时，则必须确定主次。桌数较多时，要摆桌次牌，既方便参加人员快速找到自己的座位，也有利于管理。宴会可以用圆桌，也可以用长桌或方桌。两桌及以上的宴会，桌子之间的距离要适当，各个座位之间也要距离相等。

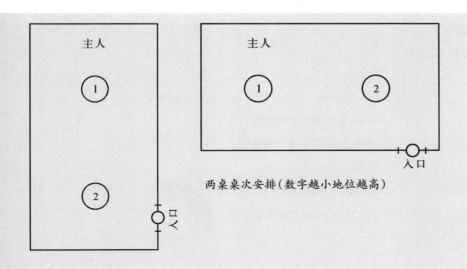

两桌桌次安排（数字越小地位越高）

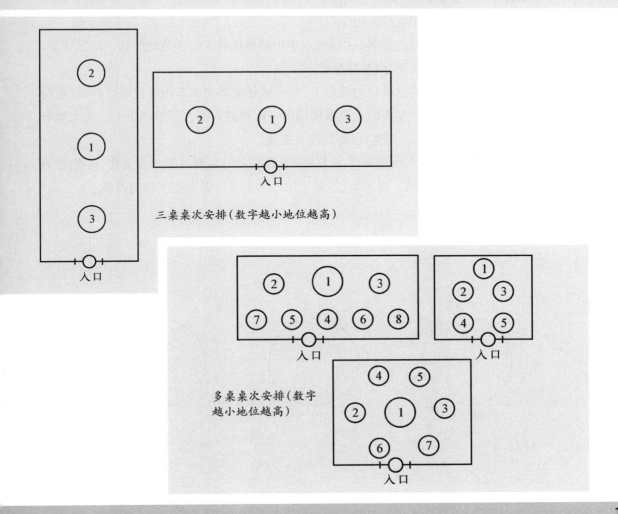

三桌桌次安排（数字越小地位越高）

多桌桌次安排（数字
越小地位越高）

三、宴请座次礼仪

（一）座次排序基本规则

以右为上（遵循国际惯例）

居中为上（中央高于两侧）

前排为上（适用所有场合）

以远为上（以远离房门为上）

面门为上（以良好视野为上）

（二）宴请座次安排

一般的宴会，除自助餐、茶会及酒会外，主人必须安排客人的座次。

（1）确定主位。餐桌上，以面对正门的正中座位为主位，通常是主人或主客坐的。相反的，靠过道或上菜位一般是陪同人员坐的。

（2）以右为尊。餐桌中除主位外，主位的右手边的座位尊于左手边的座位。依次往下，离主位越远位次越低；同等距离，则右高左低。

（3）方便交流。在遵照座次礼仪的前提下，尽可能使需要交谈者相邻就座。例如，在身份大体相同时，应把从事同一专业的人或者使用同一语种的人排在邻近座位上。主人如有陪客需要，应尽可能插在客人之间坐，以便同客人交谈。

（4）夫妇不相邻。女主人可坐在男主人对面，男主人的右侧是第一女主宾，左侧是第二女主宾。女主人的右侧是第一男主宾，左侧是第二男主宾。男女依次相间而坐。

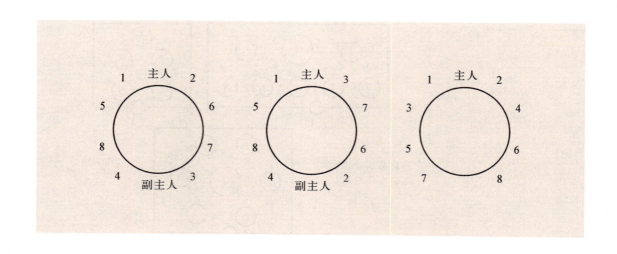

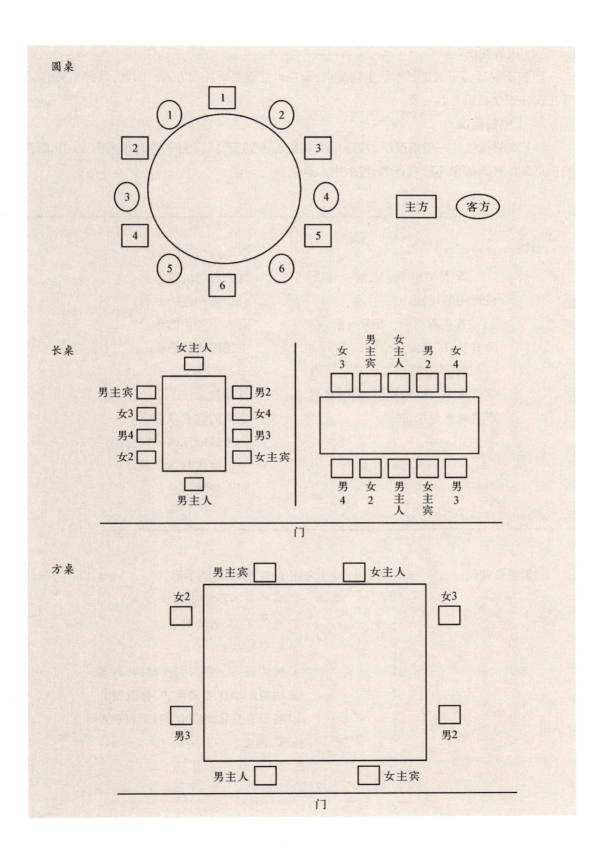

四、用餐礼仪

用餐不仅是为了满足基本的生理需求,而且也是重要的社交方式。因此,掌握相关的用餐礼仪知识便显得尤其重要。

(一)中餐礼仪

(1)点菜礼仪。一般情况下,应该等大多数客人到齐之后,将菜单给客人传看,并请他们来点菜。客人如果不愿意点菜,可由主人点菜。

点菜原则

　　看人员组成:人均一菜是较通用的规则。

　　看菜肴组合:有荤有素,有冷有热,尽量做到全面。

　　看宴请的重要程度:普通宴请点菜可以较随意,高级宴请点菜通常更加讲究。

点菜的"三优四忌"

优先考虑的菜肴:
有中餐特色的菜肴。
有本地特色的菜肴。
本餐馆的特色菜。

饮食禁忌:
宗教的饮食禁忌。
出于健康原因的饮食禁忌。
不同地区的饮食偏好。
职业餐饮禁忌。

(2)餐桌礼仪。

餐前:用毛巾、餐巾清洁手部。

餐中:① 对外宾不反复劝菜。

　　　② 夹菜文明,适量取菜。

　　　③ 细嚼慢咽。

　　　④ 转式餐桌,顺时针方向旋转取菜。

　　　⑤ 用餐的动作要文雅,安静就餐。

　　　⑥ 嘴里有食物的时候,不要和别人聊天。

餐后:擦嘴、离席。

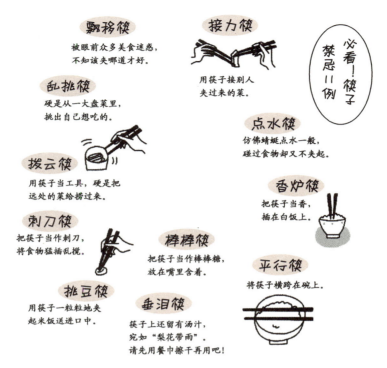

必看！筷子禁忌11例

飘移筷
被眼前众多美食迷惑，
不知该夹哪道才好。

乱挑筷
硬是从一大盘菜里，
挑出自己想吃的。

拨云筷
用筷子当工具，硬是把
远处的菜给捞过来。

刺刀筷
把筷子当作刺刀，
将食物猛插乱搅。

挑豆筷
用筷子一粒粒地夹
起米饭送进口中。

接力筷
用筷子接别人
夹过来的菜。

点水筷
仿佛蜻蜓点水一般，
碰过食物却又不夹起。

香炉筷
把筷子当香，
插在白饭上。

棒棒筷
把筷子当作棒棒糖，
放在嘴里含着。

垂泪筷
筷子上还留有汤汁，
宛如"梨花带雨"。
请先用餐巾擦干再用吧！

平行筷
将筷子横跨在碗上。

温馨小提示

使用公筷是新的用餐时尚与基本礼仪哦！

（3）敬酒礼仪。宴席上，酒常常是不可或缺的饮品。注意酒桌上的小细节有助于提升个人的商务社交形象。

酒桌上的小细节

① 领导相互喝完才轮到自己敬酒。敬酒一定要站起来，双手举杯。

② 可以多人敬一人，决不可一人敬多人。

③ 自己敬别人，如果不碰杯，自己喝多少可视情况而定。

④ 自己敬别人，如果碰杯，一句"我喝完，你随意"，可显大度。

⑤ 多给领导或客户添酒，不要盲目地给领导代酒。

⑥ 端起酒杯，右手扼杯，左手垫杯底，碰杯时自己的杯子要低于别人的杯子。

⑦ 如果没有特殊人物在场，碰杯最好按顺时针顺序，不要厚此薄彼。

⑧ 碰杯敬酒时，要有说辞。

（二）西餐礼仪

1. 西餐餐具的认识

① 餐巾   ⑨ 肉刀

② 汤盘或汤底盘   ⑩ 汤匙

③ 主餐盘   ⑪ 面包盘

④ 鱼叉   ⑫ 黄油刀

⑤ 沙拉叉   ⑬ 甜点叉或咖啡匙

⑥ 主餐叉   ⑭ 酒杯（一般放置三个，由

⑦ 水果刀（生菜刀）   外到里依次为：香槟杯、

⑧ 鱼刀   红酒杯、水杯）

2. 西餐餐具的使用

（1）刀叉的使用。刀叉摆放的位置不同，代表的意义也不同。

- 右手持刀，左手持叉。
- 切东西时左手拿叉按住食物，右手拿刀将其切成小块。
- 每次切下食物的大小最好以能一次入口为宜。
- 叉如果不是与刀并用，叉齿应该向上。
- 刀叉并用时，叉齿应该向下。

刀叉的使用

中途离席，暂停进餐

用餐完毕

（2）汤匙的使用。

- 汤匙除可以饮汤、吃甜品之外，一般不直接舀取其他主食、菜肴。
- 已经用过的汤匙，不可再放回原处，也不可将其插入菜肴、主食中。
- 尽量保持汤匙干净清洁。
- 用汤匙取食时，动作应干净利索，切勿在甜品、汤中搅来搅去。
- 取食不要过量。

（3）餐巾的使用。

- 先将餐巾展开，对折为三角形，开口朝外放在膝盖上。
- 餐巾用来为衣服保洁、擦拭口部，不能用餐巾擦汗、擦脸、擦手。
- 餐巾不能用来擦餐具。
- 餐巾可在剔牙或吐东西时用来掩口遮盖。
- 暂时离开时，可将餐巾从餐桌上垂下一角。
- 用餐结束时，应将餐巾叠好，放在餐盘的左侧。

3.西餐用餐礼仪
（1）食用色拉。

- 色拉盘一般放在主菜盘的左边。
- 吃沙拉一般用叉子吃，如菜叶太大，可用刀在沙拉盘中切割，然后再用叉子吃。

（2）食用面包。

- 面包的位置在主菜的左侧。
- 面包切忌用刀子切割。
- 食用时可用左手拿面包，再用右手把面包撕成小块，然后用左手拿着小面包，用右手涂抹黄油。

（3）喝汤。

- 拿汤匙喝汤时应由碗内侧向碗外侧舀食。
- 喝汤时，不应发出声音。
- 喝汤时，不可用嘴吹汤，可轻轻舀动汤使其变凉。
- 食用完毕后把汤匙放在靠自己面前的底盘上，或是放在盘中，将汤匙的柄向右摆放，使汤匙凹陷的部分向上。

（4）食用鱼、虾、海鲜。

- 食用半只龙虾时，应左手持叉，将虾尾叉起，右手持刀，插进尾端，压住虾壳，用叉将虾肉拖出再切食。
- 食用带头尾及骨头的全鱼时，宜先将头、尾切除，再去鳍。将切下的头、尾、鳍放在盘子一边，再吃鱼肉。
- 去除鱼骨，要用刀叉，不能用手。若口中有鱼骨或其他骨刺，则可用手自合拢的唇间取出放在盘子上。
- 吃完鱼的上层，切勿翻转鱼身，应用刀叉剔除鱼骨再吃下层鱼肉。
- 附带的柠檬片，宜用刀叉挤汁。

（5）食用牛排。

- 切牛排应由外侧向内，一次未切下，再切一次，不能用拉锯的方式切，勿发出声响，切下的肉的大小以一口为宜。
- 吃肉时宜切一块吃一块，勿将肉一次切完，这会导致肉汁流失及温度下降。
- 嚼食肉时，两唇合拢，不要出声，也不可用刀叉比画。

温馨小提示

牛排的生熟度鉴别

三分熟：切开牛排见断面，仅上下两层呈灰褐色，中间70%的肉为红色并带有大量血水。

五分熟：切开牛排见断面，中间50%的肉为红色，带少量血水。

七分熟：切开牛排见断面，中央只有一条较窄的红线，肉中基本无血水。

全熟：牛排被煎至咖啡色乃至焦黄程度。

（6）食用水果和甜点。

- 蛋糕及派、饼，用叉取食，较硬者用刀切割后，用叉取食；小块的硬饼干，用手取食。
- 冰激凌、布丁等，用匙取食。
- 粒状水果如葡萄，可用手抓来吃，如需吐籽，应吐于掌中再放在碟里。
- 多汁的水果如西瓜、柚子，应用匙取食。
- 吃完水果后，一般会上洗手钵，里面所盛的水，供洗手用，一般只用来洗手指，勿将整个手伸进去。

（7）饮用咖啡或茶。

- 饮用咖啡时，用食指和拇指拿住杯柄端起来喝，无须端起咖啡底盘。如果桌子较低，可以左手持杯碟饮用。
- 勿以咖啡匙舀起咖啡喝，尝是否够甜。

课堂互动

在商品博览会期间，浙江商贸公司的董事长携部门经理、秘书、办事员一行四人到明星集团拜访，明星集团安排了中式晚宴。请拟订明星集团出席晚宴人员，并安排用餐的座次。

任务3：巧妙地送礼

俗话说"礼轻情意重"。在日常生活中，人们常以礼品来表达情谊。在商务交往中，商务礼品亦承担着同样的作用。礼品可以在见面时送，也可以在分别时送。准备的礼品可以考虑收礼人的个人爱好，更重要的是要与收礼人的职业和地位相符。有时，该送什么礼品甚至有一定的标准。因此，商务送礼既是礼节性的，又是公务性的。

一、送礼的时机

在商务活动中，一般在下列时机与场合馈赠礼物比较合适。

（1）如果在本方公司见面，可以在双方开始谈生意之前或结束后送礼物。到对方公司见面时，应在谈生意之前把礼物赠予对方。

（2）当自己以东道主身份接待来宾时，通常是在对方告辞之前向对方赠送礼品，在告别宴会上赠送或到其下榻处赠送均可。

（3）在元旦、新春、中秋等节日中送礼是很流行的。此外，在本公司的成立纪念日、客户的生日等日子中送礼也很常见。

二、礼品的选择

那么，一般选择什么样的礼品进行馈赠呢？

（一）内宾送礼

公司的主打产品、宣传画册、企业标志或建筑模型等都是很好的礼品。在重大活动中，以公司的名义正式向外界赠送礼品时，要突出礼品的纪念性。

（二）外宾送礼

送礼作为涉外活动的一项重要的礼仪行为，选择礼品时要注意以下几点。

（1）有纪念意义。例如，可以赠一本记录对方活动的精致相册。

（2）有民族特色。以中国的剪纸、筷子、书画、茶叶、刺绣、丝绸、蜡染、景泰蓝等传统工艺品作为礼品赠予外宾，是非常合适的。

三、送礼的注意事项

在向对方馈赠礼品时，要注意以下问题。

（1）要对礼品进行必要的包装。

（2）包装之前，应除去礼品的价格标签。

（3）正常情况下，正式礼品应由赠送者当面交给受赠对象，而不应让对方自取。

（4）假如要同时给几个人送礼，应在受赠对象同时在场时送。应优先给职位高的人送礼。

（5）送礼时应向对方说明礼品本身的寓意、含义。

课堂互动

阅读下面的案例，谈谈对"用心程度绝对是检验礼物的最高标准，送礼物就是送一片心意"的理解。

友好往来　历史见证——党和国家领导人外交活动受赠礼品展

2018年末，在中国国家博物馆北18展厅中，专题展《友好往来　历史见证——党和国家领导人外交活动受赠礼品展》开展。这次展览展出了新中国成立以来党和国家领导人在外交活动中受赠的611件（套）具有代表性的礼品，它们是从中国国家博物馆馆藏中精心挑选出来的，其中大部分为首次展出。这些礼品见证了新中国辉煌的外交成就，凝结着中国人民和世界各国人民的友好情谊，反映了不同国家各具特色的文化艺术，具有特殊的历史意义和很高的艺术价值。

第一时期（1949年—1978年）

1949年10月1日中华人民共和国成立，开启了中华民族历史新纪元。以毛泽东同志为核心的党的第一代中央领导集体倡导和坚持和平共处五项原则，反对霸权主义和强权政治，建立和发展与苏联及其他社会主义国家的友好合作关系，开展同周边国家的睦邻外交，同亚非拉广大发展中国家建立与发展团结合作的友好关系，与发达国家的关系获得突破，取得了中法建交、我国恢复在联合国的合法席位、中美关系开始正常化进程、中日邦交实现正常化等重大外交进展，为社会主义革命和建设赢得了有利的国际环境。

1950年2月，苏联乌拉尔重型机械厂全体职工赠毛泽东同志的铸铁雕塑《驯马》。

1953年11月，朝鲜平壤市民赠毛泽东同志的木胎黑漆嵌螺钿盒。

1973年7月，时任刚果人民共和国（现刚果共和国）总统马里安·恩古瓦比赠毛泽东同志的木雕老人胸像。

第二时期（1978年—1989年）

1978年党的十一届三中全会后，以邓小平同志为核心的党的第二代中央领导集体做出了和平与发展是当代世界两大主题的科学论断，实行了改革开放的伟大战略，确立了外交工作为社会主义现代化建设服务的方针，在和平共处五项原则基础上广泛发展同世界各国的友好合作关系，改善和发展同各主要大国及周边国家的关系，推动同广大发展中国家的务实合作，实现了中美建交、中苏关系正常化，并按照"一国两制"方针和平解决了香港和澳门回归问题，明确把为国内现代化建设争取一个较长时期的国际和平环境和良好的周边环境作为外交工作的目标和任务，进一步开创了外交工作的新局面。

1978年11月，时任泰国总理江萨·差玛南赠邓小平同志的柚木雕运木大象。

1987年5月，时任联合国秘书长佩雷斯·德奎利亚尔赠邓小平同志的镀金铜和平鸽。

1979年2月，时任印度外长阿塔尔·比哈里·瓦杰帕伊赠邓小平同志的嵌珠刺绣白孔雀。

第三时期（1989年—2002年）

2000年9月，由中国倡议的联合国千年首脑会议在美国纽约举行。在世界多极化和经济全球化的发展趋势下，以江泽民同志为核心的党的第三代中央领导集体审时度势、与时俱进，坚持奉行独立自主的和平外交政策，在和平共处五项原则的基础上，全方位开展同世界各国的友好交往与互利合作，同美国、俄罗斯、欧盟、日本建立了不同形式的伙伴关系，同周边国家发展睦邻友好、加强互信合作，同发展中国家加强团结与合作，广泛参与国际事务，维护世界和平，促进共同发展，推动建立更加公正合理的国际政治经济新秩序，我国外交取得了跨世纪的辉煌成就。

1994年3月，时任韩国总统金泳三赠江泽民同志的吉祥纹样瓷罐。

2000年4月，时任南非总统塔博·姆贝基赠江泽民同志的石雕狮。

2001年6月，时任乌兹别克斯坦总统伊斯兰·阿卜杜加尼耶维奇·卡里莫夫赠江泽民同志的镀银铜茶具。

第四时期（2002年—2012年）

党的十六大以来，以胡锦涛同志为总书记的党中央始终不渝地奉行独立自主的和平外交政策，坚持走和平发展道路，奉行互利共赢的开放战略，推动建设持久和平、

2004年5月，时任巴西总统路易斯·伊纳西奥·卢拉·达席尔瓦赠胡锦涛同志的彩陶罐。

2005年8月，柬埔寨国王诺罗敦·西哈莫尼赠胡锦涛同志的玉石雕女神像。

2011年1月，时任美国总统巴拉克·奥巴马赠胡锦涛同志的金属橄榄枝摆件。

共同繁荣的和谐世界，深入开展全方位外交，加强同发达国家的协调与合作，发展同周边国家的睦邻友好关系，巩固和深化同发展中国家的团结与合作，积极参与地区与全球事务，进一步提升了我国的大国地位和影响力，为全面建设小康社会争取了有利的国际环境。

第五时期（2012年至今）

党的十八大以来，以习近平同志为核心的党中央统筹国内国际两个大局、统筹发展安全两件大事，以积极进取、奋发有为的姿态开展中国特色大国外交。在诸多重大国内外场合，习近平提出一系列外交新理念，如中国梦、新型国际关系、人类命运共同体、正确义利观、亚洲安全观。

2014年11月，俄罗斯总统普京赠习近平同志的俄罗斯自主研发的智能手机YotaPhone 2。

2016年1月，沙特阿拉伯国王萨勒曼赠习近平同志的铜雕猎鹰。

2015年5月，印度总理莫迪赠习近平同志的在古吉拉特邦瓦德纳贾尔考古遗址的图片和佛教遗址的复制品。

拓展阅读

常 见 花 语

世间的花有千千万万,不同的花有不同的象征、不同的蕴意。

送花之前,有必要了解一下花的象征与蕴意,然后按照收花人的喜好或不同场合的需要,决定送什么样的花。如果想借送花来表达特定的心意时,更应清楚每一种花所代表的含义,以免"花不达意"。

康乃馨——母爱与温馨

　　儿女在母亲节送给母亲的花,素雅微香,特别受欢迎。但黄色的康乃馨多为情人间互送的礼物。

玫瑰——爱情之花

红玫瑰——希望与你泛起激情的爱。
粉红玫瑰——喜欢你灿烂的笑容。
香槟玫瑰——我只钟情你一个。
黄玫瑰——享受和你一起的日子。
橙玫瑰——献给你一份神秘的爱。
白玫瑰——我们的爱是圣洁的。

百合——圣洁幸福

白百合——喜欢你的纯真。
火百合——我愿永远带给你幸福。
金百合——欣赏你的优雅。
黄百合——爱慕你。

勿忘我——永志不忘

　　情人分离,夫妻小别,朋友远行,送一束勿忘我,会勾起对方对幸福日子的绵绵回忆,令人回味无穷。

红掌——大展宏图

　　事业伊始,学业初始,公司开业,项目上马,礼物中少不了红掌。红与"宏"同音,代表祝对方"大展宏图"。

剑兰——步步高升

亲友升职、考学成功,或公司、企业开张、庆功等,都可以送剑兰。

兰花——高贵优雅

兰花为花中四君子之一。送兰花可以表达送花人的良好祝愿。

天堂鸟——高贵

天堂鸟可送的场合极广,可根据配花需要决定。

郁金香——亲密无间

情人、学友、亲人、朋友都可以送郁金香。

水仙——敬重有加

对老师、长辈、上司,都可以用水仙献上一份敬意。

雏菊——天真烂漫

雏菊送给友人、恋人均可。

紫丁香——爱的初恋

丁香淡淡的馨香一定能带你追觅那份属于初恋的感觉。

各国送花禁忌

在社交活动中，鲜花已经成为最受欢迎的礼品。但是，也不是任何鲜花都可以送人的。特别是在商务活动中，应根据客户的国籍、地区有选择地送花，避免出现不必要的尴尬。

（1）在中国的一些传统年节或喜庆日子里，到亲友家做客时，送的花篮或花束，色彩要鲜艳、热烈，以符合节日的喜庆气氛。可选用红色、黄色、粉色、橙色等暖色调的花，切忌送整束白色系列的花束。

（2）在广东、香港等地，由于方言的关系，送花时尽量避免用以下的花：剑兰（见难）、茉莉（没利）。

（3）按我国的风俗习惯，好事成双。因此，除非送女友远行，在她襟前别上一朵鲜花以表示惜别之意外，一般不宜送孤零零的一朵花。

（4）日本人忌"4""6""9"几个数字，因为它们的发音近似"死""无""苦"，都是不吉利的词语。给病人送花不能有带根的，因为"根"的日语发音近于"困"。日本人忌讳荷花。

（5）对于俄罗斯人，送女主人花一定要送单数，将使她感到非常高兴；送给男子的花必须是高茎、颜色鲜艳的大花。俄罗斯人忌讳"13"，认为这个数字是凶险和死亡的象征，而"7"在他们看来却意味着幸运和成功。

（6）在法国，当你应邀到朋友家中共进晚餐时，切忌带菊花，菊花代表哀悼，因为只有在葬礼上才会用到；意大利人和西班牙人同样不喜欢菊花，认为它是不祥之花；但德国人和荷兰人对菊花却十分偏爱。

（7）英国人一般不爱观赏或栽植红色或白色的花。

（8）在德国一般不能将白玫瑰送给朋友的太太。

（9）瑞士人认为红玫瑰带有浪漫色彩。因此，送花给瑞士朋友时不要随便用红玫瑰，以免误会。

项 目 实 训

1.请从拜访礼仪的角度分析王经理为什么会失败？

星期一早晨，业务部王经理约了李总九点钟见面，结果因为下雨迟到了。王经理浑身被淋得湿漉漉的，上气不接下气地赶到对方公司，对前台说："你们头儿在吗？我与他有个约会。"前台冷淡地看了他一眼说："我们李总在等你，请跟我来。"王经理拿着湿漉漉的雨伞和公文包进了李总办公室。穿着比王经理正式许多的李总从办公桌后出来迎接他，并把前台接待又叫进来，让她把王经理滴水的雨伞拿出去。两人握手时，王经理随口说："我花了好大工夫才找到地方停车！"李总说："我们在楼后有公司专用的停车场。"王经理说："哦，我不知道。"王经理随后拽过一把椅子坐在李总办公桌旁边，两只脚使劲地在地板上敲，想把鞋上的泥土敲掉。然后一边从公文包拿资料一边说："哦，老李，非常高兴认识你。看来我们将来会有很多机会合作。我有一些关于产品方面的主意。"李总停顿了一下，好像拿定了什么主意似的说："好吧，我想具体问题你还是与赵女士商量吧。我现在让她进来，你们两个谈吧。"

2. 你能说说案例中的李云为什么会成功吗？

李云在一家著名跨国公司的北京总部担任总经理秘书。某日中午她要随总经理和市场总监参加一个工作午餐会，主要是研究未来一年的市场推广工作计划。这不是一个很正式的会议，主要是利用午餐时间彼此沟通一下。李云知道晚上公司要正式宴请国内最大的客户张总裁等一行人，答谢他们一年来给予的支持。她提前安排好了酒店和菜单。午餐是自助餐的形式，与总经理一起吃饭。李云在取食物时，选择了一些一口能吃下去的食物，放弃了她平时喜爱的一些需要用手才能吃的美食。她知道自己可能随时要记录老板的指示，没有时间去补妆，而总经理是法国人，又十分讲究。

下午回到办公室，李云再次落实了酒店的宴会厅和菜单，为晚上的正式宴请做准备。算了算宾主双方共有8位，李云安排了桌卡，因为是熟人，又只有几个客人，所以没有送请柬，可是她还是不放心，就又拿起了电话，找到了对方公关部李经理，详细说明了晚宴的地点和时间，又认真地询问了他们老总的饮食习惯。李经理说他们的老总是山西人，不太喜欢海鲜，非常爱吃面食。李云听后，又给酒店打电话，重新调整了晚宴的菜单。

李云决定提前一个小时到酒店，看看晚宴安排的情况并在现场做点准备工作。到了酒店，李云找到领班经理，再次讲了重点事项，又和他共同检查了宴会的准备。宴会厅分内外两间，外边是会客室，是主人接待客人小坐的地方，已经准备好了鲜花和茶点，里边是宴会的餐厅，中餐式宴会的圆桌上已经摆放好各种餐具。

李云知道对着门口桌子上方的位子是主位，但为了不出任何差错，还是征求了领班经理的意见。她从带来的桌卡中先挑出写着自己老板名字的桌卡放在主人位上，再将对方老总的桌卡放在主人位子的右边。她想到客户公司的第二把手也很重要，就将二把手的桌卡放在主人位子的左边。李云又将自己的顶头上司市场总监的桌卡放在桌子的下首正位上，再将客户公司的两位业务主管的桌卡分别放在他的左右两边。为了便于沟通，李云就将自己的桌卡与公关部李经理的桌卡放在了相邻的位置。

晚宴的一切准备工作就绪了。李云看了看时间，离晚宴开始还差一刻钟，就在酒店的大堂内等候。当看到了总经理一行到了酒店门口，李云就在送他们到宴会厅时简单地汇报了安排。李云随即又返身回到了酒店大堂，等待着张总裁一行人的到来。她迎接的客人准时到达。

晚宴在李云的精心安排下顺利进行着，气氛融洽，客户不断夸奖菜的味道不错，正合他们的胃口。这时领班经理带领服务员端上了山西刀削面，张总裁看到后立即哈哈大笑起来，高兴地说道："你们的工作做得真细！"李云的总经理也很高兴地说："这是李云的功劳。"

看到宾主满意，李云心里暗自总结着经验，下午根据客人的口味调整菜单，去掉了鲍鱼等名贵菜，不仅省钱，而且还获得了客人的好感。

3. 如果你是那位女士，你会怎么做呢？

在一次宴会中，客户方的一位女秘书，容貌靓丽，着装、谈吐得体，很引人注目。但是其无论是喝水还是喝酒，都在杯沿上留下了明显的口红印痕，令很多想与之攀谈的男士望而却步。

4. 你认为这份礼物送得成功吗？为什么？

连战曾在访问北京大学时，获得了一份特殊的礼物：母亲赵兰坤女士毕业于燕京大学时的学籍档案和相片，其中包括在宗教系就读的档案、高中推荐信、入学登记表、成绩单等，大多是她亲笔写的字。在这份特殊的礼物面前，一贯严谨的连战先生也难掩内心的激动。他高举起母亲年轻时候的照片，然后放在面前细细端详，眼里泛着晶莹的泪光。这一刻，他满脸都是幸福的微笑。

5. 你知道这是为什么吗？如果你是董腾健，你会怎么做呢？

董腾健与他的上司王总私交甚好。一次董腾健出差到外地，发现了一套非常漂亮的茶具。董腾健知道王总一直对茶道有所研究，所以就给王总购买了这套茶具。出差回来的第一天，董腾健就拿着茶具兴高采烈地直奔王总的办公室，而当时王总的办公室里还有好几个同事。董腾健当时就发现王总的脸色不太自然，而且对他所送的茶具也没有表现出特别的兴趣。这让董腾健百思不得其解。

6. 下周三来自英国的客户要到公司考察，经理要求小孙准备赠送客户的礼品。小孙初次接触礼品赠送事宜，一时不知如何处理。你觉得小孙应该从哪些方面考虑礼品的选择？你会给小孙哪些建议？

不屈人口，求服人心
——商务演讲

情景导入

　　经过近一年的岗位锻炼后，董腾健已经从刚入职时的懵懂小子逐步成长为能独当一面的营销骨干。最近公司扩大规模并得到了几笔大合同。其中部分合同涉及新员工的业务培训。鉴于董腾健在过去一年中的进步，公司领导推荐他作为员工代表向新员工传授经验。在日常交往或者面对客户的一对一营销中，董腾健的表现都很不错。可是，那天当他面对着下面黑压压的人群和一双双专注的眼睛时，董腾健手足无措，紧张得说不出话来。

　　作为商务活动的重要组成内容，商务演讲是职场人士推销自己的一次大好机会，我们必须学会因时、因地、因事演讲，无论只是礼仪性的致辞，还是针锋相对的辩论，或是充满期待的产品推介，都必须展现自己最具光彩的一面。

"你一生中推销的唯一产品，就是你自己。"

新产品发布

浙江商贸公司最近刚刚研发出一款新产品，于是公司打算在浙江省每个地级市都举办一场新品发布会。由于董腾健是宁波人，公司决定将宁波地区的发布会交由董腾健负责。

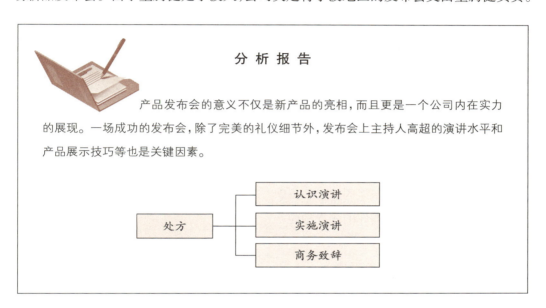

分 析 报 告

产品发布会的意义不仅是新产品的亮相，而且更是一个公司内在实力的展现。一场成功的发布会，除了完美的礼仪细节外，发布会上主持人高超的演讲水平和产品展示技巧等也是关键因素。

处方 —— 认识演讲 / 实施演讲 / 商务致辞

任务1：认识演讲

演讲，又叫演说或讲演。从广义上说，凡是以多数人为对象的讲话都可叫演讲；从狭义上说，演讲是指就某个问题对听众发表意见的一种口语交际活动。演讲能在特定的时空环境下，通过有声语言和相应的体态语言，公开传递信息，表达见解，阐明事理，抒发感情，以达到感召听众的目的。

一、演讲的特点

（1）针对性。演讲必须有针对性。只有演讲的主题是听众所关心的、能使听众受益，演讲才能产生良好的效果。

（2）真实性。演讲是一个说实事、讲实话、吐真情的过程，演讲者要十分注重与听众的情感交流。但应合理运用与控制情感，否则易造成情绪失控，或有做作之嫌。

（3）论辩性。演讲的目的是表达自己的见解和观点，因此，演讲时要注重主题的阐述，鲜明地亮出观点，旁征博引地论证，把自己对某一问题的观点阐述清楚，以引起听众的共鸣。

（4）艺术性。演讲是一种极富吸引力和感召力的宣传艺术，是思想、逻辑、感情和文采的结晶，是语言、声音、目光、动作和姿态的综合运用，具有极强的鼓动性和艺术性。

卡耐基说："演讲是人人都有的一种潜能，问题在于个体是否能发现、发展和利用这种天资。一个人能站起来当众讲话是迈向成功的关键一步。"演讲水平的提升不可能一蹴而就，它是一个不断锻炼与积累的过程。

优秀的演讲者应有以下特征：① 有足够的权威性；② 有较强的语言表达能力和技巧；③ 有热情；④ 有理智与智慧；⑤ 有良好的仪态。

二、演讲的作用与意义

先后担任过福特汽车公司总裁、克莱斯勒汽车公司总裁的李·艾柯卡说："纵然你的创意精彩绝伦，如果不能有效地传达给他人，它最终只能停留于你的头脑里。"概括起来说，演讲的意义主要体现在：

- 获得尊重，赢得关注与认同。
- 影响与鼓舞他人，巩固你的领导地位。
- 巩固你的人际关系。
- 使你的睿智与幽默声名远播。
- 向他人清楚地传达你的思想与信息。
- 推广你的公司及其产品或服务。
- 提升你的事业并赢得更多的经济回报。

课堂互动

下面有 15 个小问题，请按照自己平时的状况做出肯定或否定的回答。

（1）你是否喜欢向他人陈述你对某一特定论题的观点呢？

（2）你对他人做出的行为敏感吗？

（3）你说话时喜欢用手比画吗？

（4）你与他人对话时直视对方的双眼吗？

（5）你在谈话时常常会被鼓舞，感到内心油然而生的一种力量在向外涌动吗？

（6）你喜欢将自己的所学所闻告知他人，让他们一起受益吗？

（7）你在思考时，头脑中会呈现出图像吗？

（8）你能用简洁的语言解释一个复杂的观点或介绍一种复杂的设备吗？

（9）你希望帮助他人像你一样清楚地理解事物吗？

（10）你在压力之下能保持冷静吗？

（11）在谈及一个对你十分重要的话题或事件时，你是否想要做即兴演讲？

（12）你有适合做啦啦队队长的个性吗？

（13）别人依照你的建议处理某一情况并取得良好效果时，你会感到骄傲吗？

（14）会议结束后，你会主动做会议总结吗？

（15）你可曾想成为一名演员或歌手？

对于以上问题，如果你作出的回答有一半以上是肯定的，则说明你有成为一名出色演说家的潜质。你可能天生已经具备很多演讲技巧，也可能已表现出强烈的学习演讲的欲望，很有可能能够一对一地沟通交流或当众进行精彩、有效的演讲。

任务2：实施演讲

凡事预则立，不预则废。一次成功的演讲，首先少不了演讲前的精心准备。在准备阶段，应解决如下三个重要的问题：如何选题目，如何搜集资料，如何训练。

一、演讲内容的组织技巧

演讲内容的组织包括以下七个方面。

（一）确定演讲目的

没有目的的演讲就好像没有目的地的旅程，让人不知所向。一般情况下，一场演讲的目的不外乎告知信息、劝告说服、激励鼓舞、教导指示、愉悦气氛等几种。

在告知相关信息的基础上，提出合理的建议，具有较强的劝告说服作用。

案 例 赏 析

去年我们公司因为工人请病假而损失了200万元，预计今年的这项损失还会增加30%。

请病假现象给我们公司带来的损失太大了。因此，我建议开展一个健康调查，减少员工工作的压力，预防疾病，并提高员工的身体素质。为什么要开展这一项目呢？因为健康的员工能够降低请病假率，带来更高的生产效率。

（二）拟订标题

演讲的标题要求能反映演讲的内容,点明主旨;或者是指出讲述的对象;或者是指明未来的方向。但不管是哪种类型,都要求标题鲜明、响亮,能引起听众的兴趣,切忌宽泛、牵强、无新意、怪僻。

课堂互动

阅读下列框图内左右侧的演讲题目并分析优劣。

北大之精神（马寅初）； 一个女人能干什么（蔡畅）； 论气节（朱自清）； 我们一定能够打胜仗（彭德怀）。	叶的事业；沉重的翅膀；太阳石；我自信；理想篇；责任；把一切献给党；葡萄与大学生；做一个有灵魂的人；理想、命运与路的思考。

（三）开场白

开场白的四个目的

★ 提高听众的兴趣。

★ 让听众感受到你的演讲与他们的关系。

★ 让听众明白你是有资格和实力来演讲的。

★ 与听众建立亲善关系。

具体方法

★ 陈述一个惊人的事实。

★ 陈述一个引人注目的问题。

★ 提问,让听众参与。

★ 使用展示物、小道具或形象教具。

★ 讲述一段与主题有关的故事。

课堂互动

2017年1月17日,国家主席习近平在瑞士达沃斯国际会议中心出席世界经济论坛2017年年会开幕式,并发表了题为《共担时代责任　共促全球发展》的主旨演讲。请欣赏并分析习近平主席对演讲开场白的运用技巧。

很高兴来到美丽的达沃斯。达沃斯虽然只是阿尔卑斯山上的一个小镇,却是一个观察世界经济的重要窗口。大家从四面八方会聚这里，各种思想碰撞出智慧的火花，以较少的投入获得了很高的产出。我看这个现象可以称作"施瓦布经济学"。

"这是最好的时代，也是最坏的时代"，英国文学家狄更斯曾这样描述工业革命发生后的世界。今天，我们也生活在一个矛盾的世界之中。一方面，物质财富不断积累，科技进步日新月异，人类文明发展到历史最高水平。另一方面，地区冲突频繁发生，恐怖主义、难民潮等全球性挑战此起彼伏，贫困、失业、收入差距拉大，世界面临的不确定性上升。

对此，许多人感到困惑，世界到底怎么了？

要解决这个困惑，首先要找准问题的根源。有一种观点把世界乱象归咎于经济全球化。经济全球化曾经被人们视为阿里巴巴的山洞，现在又被不少人看作潘多拉的盒子。国际社会围绕经济全球化问题展开了广泛讨论。

今天，我想从经济全球化问题切入，谈谈我对世界经济的看法。

（四）主体结构安排

演讲是一种有声语言的艺术。有经验的演讲者在安排演讲的主题结构时，往往会根据演讲的分论点设立一些有声语言的标志，如"首先""其次""然后"和"最后"。一般情况下，演讲的分论点以设置3～5个为宜。

（五）内容选择技巧

选最具说服力的。

选你自己感受最深的。

选鲜为人知但易于理解的。

压轴段落放在临近收尾的地方。

（六）内容组织技巧

口语化——用自己熟悉的话。

问题化——将重点转化成问题。

细节化——多用动词，描绘细节。

戏剧化——多用对话，描绘当时场景。

简单化——多用简单句。

排比化——多用排比句。

（七）结尾

一般用简短有力、语气较强的句子收尾：或概括要点，揭示主题；或抒发感情，激励人心；或展望未来，鼓舞斗志；或饱含哲理，发人深思。

课堂互动

请从演讲的主体结构安排、内容选择及组织技巧等角度赏析下面这篇演讲的成功之处。

敬业与乐业

梁启超

我这题目，是把《礼记》里头"敬业乐群"和《老子》里头"安其居，乐其业"那两句话，断章取义造出来。我所说是否与《礼记》《老子》原意相合，不必深求；但我确信"敬业乐业"四个字，是人类生活的不二法门。

第一要敬业。"敬"字为古圣贤教人做人最简易、直接的法门，可惜被后来有些人说得太精微，倒变得不适实用了。唯有朱子解得最好。他说："主一无适便是敬。"用现在的话讲，凡做一件事，便忠于一件事，将全副精力集中到这事上头，一点不旁骛，便是敬。业有什么可敬呢？为什么该敬呢？人类一面为生活而劳动，一面也是为劳动而生活。凡可以名为一件事的，其性质都是可敬。当大总统是一件事，拉黄包车也是一件事。事的名称，从俗人眼里看来，有高下；事的性质，从学理上解剖起来，并没有高下。这叫做职业的神圣。凡职业没有不是神圣的，所以凡职业没有不是可敬的。唯其如此，所以我们对于各种职业，没有什么分别拣择。总之，人生在世，是要天天劳作的。劳作便是功德，不劳作便是罪恶。至于我该做哪一种劳作呢？全看我的才能何如、境地何如。因自己的才能、境地，做一种劳作做到圆满，便是天地间第一等人。

怎样才能把一种劳作做到圆满呢？唯一的秘诀就是忠实，忠实从心理上发出来的便是敬。凡做一件事，便把这件事看作我的生命，无论别的什么好处，到底不肯牺牲我现做的事来和他交换。我信得过我当木匠的做成一张好桌子，和你们当政治家的建设成一个共和国家同一价值；我信得过我当挑粪的把马桶收拾得干净，和你们当军人的打胜一支压境的敌军同一价值。大家同是替社会做事，你不必美慕我，我不必美慕你。怕的是我这件事做得不妥当，便对不起这一天里头所吃的饭。所以我做这事的时候，丝毫不肯分心到事外。曾文正说："坐这山，望那山，一事无成。"一个人对于自己的职业不敬，从学理方面说，便是亵渎职业之神圣；从事实方面说，一定把事情做糟了，结果自己害自己。所以敬业主义，于人生最为必要，又于人生最为有利。

第二要乐业。我老实告诉你一句话：凡职业都是有趣味的，只要你肯继续做下去，趣味自然会发生。为什么呢？第一，因为凡一件职业，总有许多层累、曲折，倘能身入其中，看他变化、进展的状态，最为亲切有味。第二，因为每一职业之成就，离不了奋斗；一步一步地奋斗前去，从刻苦中将快乐的分量加增。第三，职业性质，常常要和同业的人比较骈进，好像赛球一般，因竞胜而得快感。第四，专心做一职业时，把许多游思、妄想杜绝了，省却无限闲烦闷。孔子说："知之者不如好之者，好之者不如乐之者。"人生能从自己职业中领略出趣味，生活才有价值。孔子自述生平，说道："其为人也，发愤忘食，乐以忘忧，不知老之将至云尔。"这种生活，真算得人类理想的生活了。

我生平受用的有两句话：一是"责任心"，二是"趣味"。我自己常常求这两句话之实现与调和，又常常把这两句话向我的朋友强聒不舍。今天所讲，敬业即是责任心，乐业即是趣味。我深信人类合理的生活应该如此，我望诸君和我一同受用！

（本文有修改。）

二、演讲中的言语形象设计

心理学界有一个演讲公式：一句话的影响力=15%的声音+20%的表情+25%的姿态+40%的情感。因此，在演讲中，观众对你的印象一般基于三个要素：语言、声音、视觉。

（一）美化嗓音

演讲中较普遍的发声问题如下。

（1）听众听不见：由于声音低或不清楚，听众听不到你的陈述，这也会使演讲人显得不自信。

（2）呆板的语调：语调缺少抑扬顿挫，导致演讲人的声音听上去很单调。

（3）试探性的声调：在句末时声调变成升调，会造成提问题的感觉，容易给听众造成困惑。

（4）缺乏节奏感：语速过快，且缺少停顿，容易使观众感到疲倦。

日常发音中常见的语音问题及改进方法：

鼻音过重：即用鼻子发音。

诊断方法：发音时用手捏住鼻子，如果一开口鼻子就有嗡嗡声，则为鼻音。

治疗方案：运用胸腔共鸣。

尖音：发音时声音高、尖。

诊断方法：发音时声带发紧、下颌肌肉紧张。

治疗方案：放松下颌、舌头、嘴巴。

低语：发音时丧失语调和共鸣的声音。

诊断方法：发声时喉头无颤动感。

治疗方案：高声诵读多音节字词，要求完全用呼吸辅助，发清每一个字音。

破音：声音突然破裂。

治疗方案：高声诵读多音节字词，要求完全用呼吸辅助，发清每一个字音。

沙哑：声音暗哑不清。

治疗方案：避免尖叫、大笑、费力地清嗓子、抽烟、喝酒等。感觉声带上有黏液时轻咬舌头，产生唾液后吞咽唾液来代替清嗓子。

嗫嚅、含糊：口齿含糊不清、无音调变化，声音没有色彩。

治疗方案：（同破音）。

语速不当：说话过快或过慢。

诊断方法：一般正常语速为一分钟160字左右。如果每分钟超出200字，那说明语速有些偏快了；而每分钟不到120字，则语速偏慢。

治疗方案：通过数数练习来控制语速。从一数到十，第一次5秒，第二次10秒，第三次20秒，慢慢体会节奏的变化。也可经常高声朗读文章，同时用铅笔移动来引导朗读，及时作快慢的调整。可以用录音机录音，检测自己的语速，也可以与播音员的语速相比较，体会语言的流畅。

气息较短：说话时气喘吁吁。

诊断方法：在不该停顿时停顿，而且发出的声音轻飘，虚而不实。嗓子容易因紧张而疲劳。

治疗方案：练习胸腹联合式呼吸法。

课堂互动

1. 趣味绕口令练习。

牛郎恋刘娘，牛郎牛年恋刘娘。刘娘念牛郎，刘娘连连念刘郎。牛郎恋刘娘，刘娘念牛郎。郎恋娘来娘恋郎。念娘恋娘念郎恋郎。

2. 正常速度读以下各句，测试你的反应能力。

"初入江湖"：化肥会挥发。

"小有名气"：黑化肥发灰，灰化肥发黑。

"名动一方"：黑化肥发灰会挥发；灰化肥挥发会发黑。

"天下闻名"：黑化肥挥发发灰会花飞；灰化肥挥发发黑会飞花。

"一代宗师"：黑灰化肥会挥发发灰黑讳为花飞；灰黑化肥会挥发发黑灰为讳飞花。

"超凡入圣"：黑灰化肥灰会挥发发灰黑讳为黑灰花会飞；灰黑化肥灰会挥发发黑灰为讳飞花化为灰。

"天外飞仙"：黑化黑灰化肥灰会挥发发灰黑讳为黑灰花会回飞；灰化灰黑化肥灰会挥发发黑灰为讳飞花回化为灰。

3. 共鸣训练。

（1）站立式：全身放松，做深呼吸。一、二吸气，三、四呼气。坐式：坐在椅子前端，上身略向前倾，小腹稍做内收，吸入气息，体会两肋展开过程。

（2）"闻花香"：感觉有香花，吸入肺底。

（3）"抬重物"：意念上准备抬起一件重物，深吸一口气，然后憋足一股劲。

（4）半打哈欠：不张大嘴地打哈欠。

（5）模拟生活中的叹息"哎"、吆喝牲口"吁"等。注意喉部放松，气息均匀，使气息缓慢地流出，尽力拉长呼气时间。坚持30秒以上。

（6）喊人练习：以响亮的音节组成人名，如"黄刚""王强""张兰"。声音由小到大，再由大到小地喊。

（7）诗歌练习：鹅、鹅、鹅，曲项向天歌。白毛浮绿水，红掌拨清波。

要求：吸一口气将全诗四句读出。要读得平稳、舒缓、流畅，表现出白鹅戏水的美妙情景。

（二）语调传情

演讲中"情"的传递有三种载体：词、声、态，即词汇、声音、姿态。心理学家证明，情感表达=7%的语言+38%的声音+55%的表情和动作。

(1) **语调**：抑扬顿挫。

平调：语势平缓，没有明显的高低升降变化。用于叙述、说明，表迟疑、沉思、冷淡、严肃、悲痛、悼念。

升调：由低升高，一般表疑问、反诘、呼唤、号召或心情激动。

降调：先高后低，逐渐下降，末尾低而短，表肯定、恳求、允许、感叹、自信、祝愿或心情沉重。

曲调：语势有曲折变化，或先升后降，或降后又升，或句末音节特别加重，拖长造成曲折。

（2）**停顿**：长短适度。

气息停顿：句子过长，生理上换气的需要。

语法停顿：以标点符号为基本依据，如顿号为很短的停顿、逗号为较短的停顿，句号为较长的停顿。主语与谓语之间停顿，如"老马/拉着一辆破旧的小推车"；谓语与较长的补语之间停顿，如"高兴得/又蹦又跳"；谓语与较长的宾语之间停顿，如"热爱/伟大、光荣、正确的党"。

强调停顿：为了强调某事物或某种感情，在非语法、气息停顿处所作的停顿。

（3）**轻重**：错落有致。

语法重音：根据语法结构特点某些词语说得重一些，如在谓语、宾语、状语、补语、疑问代词、指示代词上说得重一些。

强调重音：在表示某种特殊感情、特殊意义的字词上故意说得重一些。

课堂互动

1. 有感情地朗诵，是培养、提升演讲语感的重要方法。请选择一首自己喜欢的现代诗，如《致橡树》《一棵开花的树》《莲的心事》，用"见景传情"的方式进行朗诵。要求朗诵时，自己眼里先见景，然后用一定的语气语调帮助听众听到你眼里的景致。

2. 请运用一定的语调技巧演讲下面这段话。演讲时注意"停、连"的把握，建议采用"三五成群"法，即读三到五个字后有一次小停顿。

大家好！首先感谢大家的支持与学校提供这次机会，使我能参与竞争，一展自己的抱负。今天我来参与竞选的目的只有一个：一切为大家，能为大家谋利益。我有信心在同学们的帮助下胜任这项工作，正由于这种内驱力，当我走向这个讲台的时候，我感到信心百倍。

（三）词汇达意

元代陆辅之在《词旨》中指出："命意贵远，用字贵便，造语贵新，炼字贵响。"我们在演讲中选用词汇贵在响亮、清晰、易于理解。我们可以采用以下这些技巧。

（1）**单音节换成双音节**。例如，曾——曾经；已——已经；因——因为；应——应该；时——时间、时候、时刻、时分。例如，将"当我要写演讲稿时"改为"当我要写演讲稿的时候"。

（2）**生动形象、富有变化**。例如，毛泽东在《改造我们的学习》中写道："这两种人都凭主观，忽视客观实际事物的存在。或作讲演，则甲乙丙丁、一二三四的一大串；或作文章，则夸夸其谈的一大篇。无实事求是之意，有哗众取宠之心。华而不实，脆而不坚。"整段语言非常上口好记。

（3）**精心炼字、尽量口语**。如恩格斯的《在马克思墓前的讲话》，为了某种特殊的情感及口语表达的需要，把马克思的"逝世"改成"睡着了"。

（4）长句换成短句。 演讲时，为了使语意表达清晰、易于理解、接受，应尽量运用短句，避免使用长句。例如，毛泽东在《关于重庆谈判》中写道："事情就是这样，他来进攻，我们就把他消灭了，他就舒服了。消灭一点，舒服一点；消灭得多，舒服得多；彻底消灭，彻底舒服。"这样的句式演讲起来会很有气势。

（5）慎用近音词和简称。 有时由于谐音的关系，一旦表达不是很清晰，容易造成误解。例如，"坚持十年不歇脚"容易被听成"坚持十年不洗脚"，如果改为"坚持十年不停步"，就不会出现这种误解了。再如"人大"，到底是指"人民代表大会"还是"人民大学"，也容易造成误解。

三、演讲心理技巧

演讲的最大敌人是怯场。在演讲中，心理素质有着重要作用。拥有良好的心理素质不一定能使演讲成功，但若是心理素质不过关，那么演讲就肯定不会成功。

演讲中怯场的表现是：手足无措，面红耳赤，呼吸急促，喉咙发紧，手心出汗，双腿发抖，表情僵硬，头脑空白，说话结巴，卡壳忘词等。

（一）树立权威

心理学研究表明，演讲者在听众心目中的形象是演讲成败的关键。也就是说，听众首先关注的是"谁来演讲"，其次才是"演讲的水平""演讲的内容"。因此，演讲者在演讲之初首先要向听众表明"我有能力做好这次演讲"。初次登台的演讲者，可以询问自己这些问题，并自己给出一些肯定的回答。比如，

> 我有何独一无二之处呢？
> A. 对于这个话题，我更权威吗？
> B. 我拥有别人无法得到的数据来源吗？
> C. 我比水平相当的其他同学或同事更幽默吗？

> 为什么由我来讲？他们齐集一堂来听我演讲的理由是什么？
> A. 是老师、同学、家人要求他们来的吗？
> B. 是因为他们对我或我的话题感兴趣吗？

（二）充分自信

大多数人，包括著名的演说家，在初次登台时都会有一定程度的恐惧和紧张。适度的恐惧与紧张可以提升人的反应能力，加快思维的速度。但与此同时也要保持自信，保持自信可从以下方面做起。

（1）充分利用第一印象：自信、得体。

（2）言语暗示：积极暗示。

（3）行为策略：提前到达；以短句子作开场白；停顿、微笑；深呼吸、放松身体和神经；说话时看着某一个听众，好像面对面谈话一样。

自信五步法：

昂首阔步地走上台。

昂首挺胸，伸直腰。

表情放松而和谐。

寻找一两个亲切的面孔。

对着后排的听众大声开口。

四、演讲中的非语言技巧

（一）服饰得体

演讲中，听众不仅会对你演讲的内容做出评价，也会对你的着装打扮做出评价。演讲者在演讲时要穿着柔和、自然、大方得体的服饰。

男士的衣着：尊贵优雅，值得信赖。

西装：蓝色、灰色、米色（颜色越深，越显得有权威）。

质地：羊毛为先，其次是化纤、混纺。

衬衫：白色或深浅色混合，棉质。

领带：颜色应配合西装色系。

鞋袜：鞋要深色，与衣着相配，不可着白袜。

头发：前发不覆额，后发不及领，侧发不掩耳。

女士的衣着：典雅大方，赢得尊敬。

服装：套裙、套装为宜。

裙子：以稍过膝为宜。

化妆：淡妆为佳。

配饰：搭配服装，不宜过多。

鞋袜：搭配服饰，一般选用有跟的皮鞋和肤色袜子，不可有花纹。

发型：适合职业需要，整齐、利落、不可遮住脸部。

（二）身姿姿态

有专门研究认为，沟通中的65%～90%是非语言的沟通。肢体语言有五个基本元素：姿势、手势、身体移动、面部表情和眼神交流。

1. 姿势

- 站立时两脚间的距离相当于平时走路的"一步"。
- 身体略向前倾，并将重心落于双腿间。
- 上身挺直，但不僵硬。

检查一下：

◆ 头是歪的吗？

◆ 站姿端正吗？

◆ 身体摇晃吗？

◆ 动作太夸张吗？

2. 手势

- 不做手势时，手臂自然垂于身侧。
- 实际上你自己觉得很夸张的动作，对于观众而言，并不那么过分。
- 经常变换手势。

检查一下：

◆ 手臂是否放在了身侧？

◆ 是否经常更换手势？

◆ 强调想法时，手部动作是否尽量做得夸张些？

◆ 手部动作的范围是否是在腰部以上做出来的？

3. 身体移动

演讲中的身体移动会使观众有参与感，同时能舒缓演讲者的紧张情绪，强调某些要表达的观点。

- 移动的距离至少是"三大步"。
- 可以用积极的移动方法。即，看着某人，并走过去对着他说话。

检查一下：

◆ 演讲时待在一个地方不动吗？

◆ 移动时是不是只走一小步？

◆ 是不是经常背对观众？

◆ 是不是会绕着小圈子走？

4. 面部表情

- 真诚。
- 面部表情不要单一化。
- 注意微笑，但不要在不该笑的时候笑。

检查一下：

◆ 演讲时面部表情与演讲内容吻合吗？

◆ 演讲时因为紧张而使面部表情走样了吗？

◆ 在演讲时，习惯性地过分严肃吗？

5. 眼神交流

沟通专家鲁塞尔在研究"听说联系"时提出，有好的眼神交流，听众会觉得与你有联系，你也可以观察听众的反应。因此，演讲中应保持与听众进行目光交流，并且目光在每个人身上应持续3～5秒，或者持续到一个意图表达完整之后，再转向下一个人。你应该把你要表达的内容传递给听众，并和他们进行眼神交流，这样才能使听众认为你控制着演讲主动权。

- 与观众逐个进行目光交流。
- 目光交流的范围应覆盖全场。

避免：

- 仅仅扫视一下全场。
- 只与个别听众进行目光交流。
- 盯着观众的前额或头顶看，而不是眼神交流。
- 看天花板、地板、投影仪、白板，而不是听众。

课堂互动

演讲起势训练

请站在离演讲台3～5米处，准备走上讲台。上台时，默数"一、二、三"，同时眼睛扫视全场，然后向全体听众大声问候："各位听众（同学、朋友），大家上午（下午、晚上）好！"

拓展阅读

口腔控制和训练

发音的理想状态是"字正腔圆"，具体来说表现为准确：读音正确、规范；清晰：字音清楚、不含混；圆润：声音饱满、润泽；集中：发音集中、不散乱；流畅：语音连贯、自然。

前两者为"字正"，后三者为"腔圆"，要做到这些就要进行口腔控制训练。

1. 唇的训练

唇的力量要集中在唇的中央 1/3 处，否则会因力量分散而造成字音的不集中。

喷——双唇紧闭，阻住气流，突然放松爆发出"b"和"p"音。

撮——双唇紧闭，撮起，嘴角后拉交替进行。

撇——唇撮起用力向左、右歪，交替进行。

绕——双唇紧闭，左绕360度，右绕360度，交替进行。

把嘴唇拢圆如发"u"音状，再努力向两边展开，如发"i"音状，反复练习。双唇紧闭，再分开，先慢后快。下唇向上唇迅速靠拢，再分开，由慢到快。

2. 舌的训练

舌力集中有两层含义：一是将力量主要集中在舌的前后中纵线上；二是舌在发音过程中要取收势，收拢上挺，这样才能有力而灵活。

刮——舌尖抵下齿背，舌中用力，用上门齿刮舌尖、舌面。

弹——力量集中于舌尖，抵住上齿龈，阻住气流，突然打开，爆发"t"音。

咳——咧唇，舌根抵软硬腭交界处，阻住气流，突然打开，爆发"g""k"音。

顶——闭唇，用舌尖顶左右内颊，交替进行。

绕——闭唇，用舌尖在唇齿间左右环绕，交替进行。

发音——用短促的声音反复发"di — da"音。

3. 打开口腔训练

打开口腔，一方面可使舌的运动空间加大，提高吐字质量，另一方面可以适当发挥口腔共鸣的作用，提高声音质量。

按照要求，口腔的前后都应打开，上颌上抬，下巴放松，呈"匚"状。这是通过"提颧肌、开牙关、挺软腭、松下巴"四个方面的练习来实现。

提颧肌：

颧肌用力上提时，口腔前部有展开的感觉，鼻孔也随之少许张大，同时使唇尤其是上唇贴近牙齿。

提颧肌对提高声音的响亮度和字音的清晰度都有明显作用。

另外，还可以用开大口同时展开鼻翼的办法来体会，这样快速做上几十次后，就会明显地感到颧肌发酸，反复这样练习，颧肌的力量就会增加，变得容易提起。

开牙关：

上下颌之间的关节称牙关。打开牙关可以丰富口腔共鸣，还可以使咬字位置适中，力量稳健。可通过以下两个练习实现打开牙关。

（1）像半打哈欠一样打开牙关，口不要大开，然后缓慢闭拢。

（2）用后牙咀嚼，动作可夸张些。

挺软腭：

加大口腔后部空间，改善音色，缩小鼻咽入口，避免声音大量灌入鼻腔而造成鼻音。

松下巴：

松下巴在打开口腔方面比抬上腭更具有实质性效果。咬字的力量主要在口腔上半部。发音时，只有下巴自然内收才能放松。日常牙疼说话时，下巴一般是较松弛的。

胸腹联合呼吸法介绍

呼吸方法有三种：胸式呼吸、腹式呼吸和胸腹联合呼吸。

胸式呼吸是一种浅呼吸，单靠肋骨的侧向扩张来吸气，用肋间外肌上举肋骨以扩大胸廓，基本特征是吸气抬肩。这种呼吸吸气量少，发出的音窄细、轻飘，并且容易造成肩胸紧张、喉部负担重，易产生疲劳及声音僵化等问题。

腹式呼吸是一种深呼吸。主要靠降低膈肌扩大胸腔的上下径来吸气。腹式呼吸的吸气量较大，发出的音也比较的深沉、浑厚。吸气时的特征是腹部放松外凸，容易造成闷、暗、空的音色。

胸腹联合呼吸法是以上两种呼吸法的结合。呼吸时吸气全面（前后、左右、上下），扩大了胸腔的容积，吸气量最大，呼吸稳定，有利于控制气息，容易产生坚实、响亮的音色。这种呼吸法最适合演讲时使用。

胸腹联合呼吸法要领

1. 吸气

（1）吸到肺底。以吸到肺底的感觉，引导气息到达体内深处，使膈肌明显收缩下降，有效地增加进气量。

（2）吸气时，应在肩胸放松的情况下使下肋得到较充分的扩展，此时，膈肌与胸廓的运动产生联系。一般感觉两肋的打开，以左右的平衡运动为主，尤其后腰部感觉较为明显。

（3）腹壁"站定"。吸气时，在胸部扩张的同时，应使腹部肌肉向小腹"丹田"位置收缩，腹壁保持不凸不凹的状态。

吸气过程中的综合感觉应是随着吸气量的增加，腰带周围逐渐紧张，躯干部逐渐"发胖"，胯下沉重有力，但肩仍处于放松状态，两臂能自由动作。由于生理特征的不同，男女吸气最后一刻的感觉略有差异，男性似扇面一样打开，而女性"发胖"的感觉较为明显。

2. 呼气

一口气能维持较久，发出较多音节，以及长时间保持良好的呼吸状态，是所谓气息持久的两层含义，它们对于语言表达都具有实际的意义。声音就是在呼气的过程中出现的，因此对呼气的控制是整个呼吸控制训练的重点。

呼气的练习要把握这样一个过程：一是气息要平稳，要求呼气持久，不能一下子呼完；二是要根据情感和内容的变化调节呼气的快慢、强弱，使气息运动自如。

3. 换气

吸气量小、呼气浪费、补充气息不及时等，往往会造成语意支离破碎，甚至言不达意。因此必须掌握准确的换气方法，使气息在使用的过程中，及时地得到补充，这样才能使你说话从容不迫，表达自如。

演讲时通常在句首换气。吸气后要马上说话，不是感情需要不要做较长停顿，否则容易使力量松懈。换气时吸气量要适度，一般到七八分满，吸气过满会导致肌肉僵硬。使用中的气息应有所储存，即使到该换气时，体内还应留有部分余气，否则会使声音听起来声嘶力竭。换气时尽量采用无声吸气。用声时，小腹保持控制状态，胸腔要像橡皮球一样保持弹性，这样气息一有欠缺，便会在语言的顿挫中，得以及时、无声的补充。

肢体语言的秘密

一个人向外界传达信息时，口头语言传达的信息只占少部分，其他信息都需要由肢体语言来传达。肢体语言通常是一个人下意识的举动，所以，它比口头语言更能传递出个体的真实意图。

部分肢体语言通常代表的意义：

眯着眼——不同意，厌恶，发怒或不欣赏。

走动——发脾气或受挫。

措手——紧张，不安或害怕。

正视对方——友善，诚恳，外向，有安全感，自信，笃定。

避免目光接触——冷漠，逃避，不关心，没有安全感，消极，恐惧或紧张。

搔头——迷惑或不相信。

笑——同意或满意。

咬嘴唇——紧张，害怕或焦虑。

抖脚——紧张。

向前倾——注意或感兴趣。

懒散地坐在椅子上——无聊或寻求放松。

抬头挺胸——自信,果断。

坐在椅子边上——不安,厌烦,或提高警觉。

坐立不安——不安,厌烦,紧张或提高警觉。

手指交叉——寻求好运。

轻拍肩背——鼓励,恭喜或安慰。

交叉双臂——愤怒,不欣赏,不同意,防御或攻击。

眉毛上扬——不相信或惊讶。

咬指甲——不安。

手紧握——紧张。

任务3:商务致辞

致辞是指在正式场合,作为个人或集体的代表,公开表示祝贺、欢迎、勉励、感谢或决心等内容的一种语体。随着社会经济的发展和人们文化水平的提高,礼仪致辞已从公务层面普及到日常生活,应用越来越广泛,如婚寿祝词、迎送演说、庆贺献词、聚会发言、追悼讲话。

一、致辞的特点

与一般的即兴演讲及竞聘演讲相比,礼仪致辞具有以下这些特点。

(一)以情动人	只有真情才能使演讲具有亲和力和感染力。
(二)短小精悍	长篇大论会导致听众疲劳。
(三)协调气氛	致辞要充分考虑交际目的和氛围,同时要切合自己的身份并注意自己与听众的关系。身份、关系不同,内容、措辞也应不同。

二、致辞的基本要求

致辞有几点基本的要求要遵守。

（1）注重称呼语，祝福语可以连用。

礼仪致辞首先要体现对他人的一种尊重，因此在称呼时要注重用"敬称"，祝福语可以连用。

> "尊敬的洛伊特哈德主席和豪森先生，尊敬的各国元首、政府首脑、副元首和夫人，尊敬的国际组织负责人，尊敬的施瓦布主席和夫人，女士们，先生们，朋友们"
> ——2017年1月17日，国家主席习近平在世界经济论坛2017年年会开幕式上的主旨演讲的开头

（2）热情诚恳，充满感染力。

礼仪致辞一般都是在场面比较隆重、气氛比较热烈的场合使用，因此在致辞时一定要注意做到热情诚恳，充满感染力。

> 走过了夏天，迎来了秋天。在这金风送爽的季节，我们就像花蕾盼望绽放，就像孩子盼望过年一样，终于盼来了教师节。在这个特殊的日子里，请允许我向全体老师表达我心中最最热诚的问候和祝愿——问候一声：辛勤培育我们的老师们，你们辛苦了！祝愿一声：无悔奉献人生的老师们，你们节日好！

（3）言简意赅、风格多样。

致辞属于即兴演讲，因此时间不能过长，有时甚至只有寥寥几句。而不同场合，致辞也应该有所不同。

> 朋友们，新郎的名字叫海泉，新娘的名字叫涛。"海""泉""涛"三个字都与水有关，所以我们可以说，两位新人的名字就蕴含着一种缘分。此外，水还孕育了生命，蕴涵着生机，凡是有水的地方都会呈现出一派生机勃勃的景象。这两个名字的结合，预示着他们的爱情，会像大海一样的深厚与深沉；预示着他们的婚姻，会像泉水一样的清澈与甘甜；预示着他们的家庭，会永远充满着生机与欢乐！

三、几种常见的礼仪致辞

在日常生活中有几种比较常见的礼仪致辞，有祝贺词、迎送词、感谢词等。

（一）祝贺词

祝贺词包括一般性祝词、纪念性祝词、日常性祝词和授奖词。

1. 一般性祝词

思路：评价意义、希望顺利、祝愿成功。

要求：热情有力，简洁明快。

应用：会议开幕、工程开工等。

2. 纪念性祝词

思路：回忆过去、立足现在，展望未来。

要求：深情热情，语意隽永。

应用：结婚纪念日、重大事件纪念等。

3. 日常性祝词

思路：无固定格式。

要求：清新高雅、言辞优美。

应用：祝酒词、新婚贺词等。

4. 授奖词

思路：授奖的原因、事迹；表示钦佩、祝贺、祝愿。

要求：情真意切、简明概括。

应用：颁奖典礼等。

（二）迎送词

宾客莅临和离去，学生入校和毕业，单位增添新成员和某人因工作需要调离，照例要集会，举行欢迎或送别仪式。无论是欢迎词还是欢送词均应热情、诚挚，以互相勉励为主。

1. 欢迎词

称谓：如"尊敬的×××""尊敬的各位来宾，女士们、先生们"。

开头：表示欢迎和感谢之情。

主体：来宾来访的意义、主客双方的关系、主客双方合作的成果等。

结尾：再次表示欢迎，或表示祝愿和希望。

案 例 欣 赏

女士们、先生们：

值此××物业管理公司成立10周年欢庆之际，请允许我代表××物业管理公司，并以我个人的名义，向远道而来的贵宾们表示热烈的欢迎。

朋友们不顾路途遥远专来贺喜，为我公司10周年庆祝更增添了一份热烈和祥和，我由衷地感到高兴，并对朋友们为增进双方友好关系做出的努力和行动，表示诚挚的谢意！

今天在座的各位来宾中，有许多是我们的老朋友，我们之间有着良好的合作关系。我公司能取得今天的成绩，离不开老朋友们的真诚合作和大力支持。对此，我们表示由衷的钦佩和感谢。同时，我们也为能有幸结识来自全国各地的新朋友感到十分高兴。在此，我谨再次向新朋友们表示热烈欢迎，并希望能与新朋友们密切协作，发展相互间的友好合作关系。

"有朋自远方来，不亦乐乎"。在此新朋老友相会之际，我提议：为今后我们之间的进一步合作，为我们之间日益增进的友谊，为朋友们的健康幸福，干杯！

2. 欢送词

称谓：被送人的姓名。

开头：表示热情欢送。

主体：宾客来访期间所从事的工作、意义及主客双方合作的成绩等。

结尾：再次表示欢送，以希望、祝愿之类的言语做结。

（三）感谢词

感谢词是对别人的欢迎、关怀、送别等表示感谢。

称谓：被感谢人的姓名。

开头：致辞的缘由。

主体：选取典型细节，表达友好的谢意。

结尾：概括、总结主体部分并再次表达真诚的谢意。

温馨小提示

当你被要求即兴致辞时，记住这个万能小"公式"，它能帮你摆脱窘境哦！

致辞万能"公式"：感谢+回顾+展望。

课堂互动

1. 请认真阅读下面这份新郎的感谢词并指出这篇感谢词在哪些方面还可以有进一步的提升。

各位来宾：

大家好！

今天我由衷地开心和激动，因为今天我结婚了，而且有这么多亲朋好友和长辈们的到来。

我要感谢在座的各位在这个美丽的周末，特意前来为我和新娘的爱情做一个重要的见证,没有你们,也就没有这个让我和我妻子终生难忘的婚礼。

感谢岳父岳母。你们把唯一的一颗掌上明珠托付给我,谢谢你们的信任,我不会辜负你们的信任。我这辈子可能无法让你们的女儿成为最富有的人,但我会用我的一生让她成为最幸福的人。

我还要感谢在我身边的这位、在我看来是世界上最漂亮的新娘,谢谢你答应嫁给我。

爸、妈,儿子小的时候经常惹你们生气,二十多年来总是让你们牵肠挂肚,操了很多很多的心,你们辛苦了。现在儿子长大了、娶媳妇了。你们放心吧,我会时刻牢记你们的叮嘱:一定好好对媳妇,当一个好丈夫。

还要感谢今天婚礼所有工作人员以及××酒店的员工,谢谢你们的精心安排。

最后不忘一句老话,家常饭菜也带着我们的情谊,请各位吃好喝好。

2.根据下列材料,请你代这名推销员写一篇获得单位嘉奖时的感谢词。

一名普通的推销员,成了公司去年的销售状元,公司为此专门召开了表彰大会。

销售部章经理曾派他去深圳,公关部费小姐还向他介绍了那里的客户,结果他在深圳取得了成功。

但他在工作中也有不少的漏洞。在去年新产品的推广中有几起纠纷,就与他有直接的关系,责任不容推卸。士为知己者"用",他表示今后将更加努力地工作。

项 目 实 训

一、演讲语言形象训练

1.绕口令训练。

(1)八百标兵奔北坡,北坡炮兵并排跑;炮兵怕把标兵碰,标兵怕碰炮兵炮。

(2)会炖我的炖冻豆腐,来炖我的炖冻豆腐,不会炖我的炖冻豆腐,别胡炖乱炖,炖坏了我的炖冻豆腐。

(3)粉红墙上画凤凰,凤凰画在粉红墙。红凤凰、粉凤凰,红粉凤凰、花凤凰。红凤凰,黄凤凰,红粉凤凰,粉红凤凰,花粉花凤凰。

(4)哥挎瓜筐过宽沟,赶快过沟看怪狗。光看怪狗瓜筐扣,瓜滚筐空哥怪狗。

（5）四是四,十是十,十四是十四,四十是四十。十四不是"实事",四十不是"细席"。要想说对四,舌头碰牙齿;要想说对十,舌头别伸直。

（6）城隍庙里俩判官,左边是潘判官,右边是庞判官。不是潘判官管庞判官,而是庞判官管潘判官。

（7）出东门,过大桥,背了竹竿去打枣。一个枣,两个枣,三个枣,四个枣,五个枣,六个枣,七个枣,八个枣,九个枣,十个枣,十个枣,九个枣,八个枣,七个枣,六个枣,五个枣,四个枣,三个枣,二个枣,一个枣。

2. 请运用发声技巧诵读《长江之歌》的歌词。

你从雪山走来,春潮是你的丰采;你向东海奔去,惊涛是你的气概。你用甘甜的乳汁,哺育各族儿女;你用健美的臂膀,挽起高山大海。我们赞美长江,你是无穷的源泉;我们依恋长江,你有母亲的情怀。你从远古走来,巨浪荡涤着尘埃;你向未来奔去,涛声回荡在天外。你用纯洁的清流,灌溉花的国土;你用磅礴的力量,推动新的时代。我们赞美长江,你是无穷的源泉;我们依恋长江,你有母亲的情怀。

二、演讲心理技巧训练

（1）面对听众,心里默喊三声"我可以"。

（2）在讲台前练习向大家问好,面带笑容,同时用眼睛慢慢地浏览座位上的同学,从前到后,从左到右,尽量看他们的眼睛。时间一般为两分钟,直到不紧张。

（3）在讲台前用自认为最美的姿态站立三分钟,努力做到表情自如。下面的同学可以点评。如有条件可以拍摄以供学生自评。

（4）请以"言行、仪表与个人的发展"为主题,恰当地运用演讲心理技巧,当众作一分钟的演讲。

要求:姿态得体大方,有眼神的沟通和交流。

（5）将自己第一次登台与第二次登台的心理感受作一个比较,重点突出自己的变化。

（6）以自己为对象,写一篇心理分析报告,总结在公共场合讲话时会出现的问题及对策。例如,原计划给二三十人演讲,到场后发现听众有二三百人,你会怎样? 准备了长达两个小时的内容,可上场前主持人告诉你只有十五分钟的演讲时间,你又会怎样?

三、演讲实践

（1）董腾健邀请了宁波当地政府官员、总公司领导以及兄弟单位的领导参加自己公司的新品发布会。请帮董腾健拟写一份欢迎词并试着演讲。

（2）新产品发布会非常成功，活动结束时，董腾健向各位来宾及所有的工作人员致以诚挚的谢意。如果你是董腾健，你会怎样致谢？请试着演讲。

（3）寻找你身边的"匠心"人物，为其拟写一段颁奖词，不必写奖项名称。

四、优秀致辞欣赏

（1）"感动中国"人物部分颁奖词及事迹欣赏。

钟扬：扎根大地的人民科学家

颁奖词

> 超越海拔六千米
>
> 抵达植物生长的最高极限
>
> 跋涉十六年
>
> 把论文写满高原
>
> 倒下的时候
>
> 双肩包里藏着你的初心、誓言和未了的心愿
>
> 你热爱的藏波罗花不求雕梁画栋
>
> 只绽放在高山砾石之间

简历

钟扬长期致力于生物多样性研究和保护，率领团队在青藏高原为国家种质库收集了数千万颗植物种子；钟扬援藏16年，足迹遍布西藏最偏远、最艰苦的地区，长期的高原工作让他积劳成疾，多次住进医院，但他都没有停下工作。多年来，钟扬为西部少数民族地区的人才培养、学科建设和科学研究作出了重要贡献。2017年9月25日，钟扬在内蒙古工作途中遭遇车祸，不幸逝世。2018年4月，中宣部授予钟扬"时代楷模"称号。

杜富国：伤情牵动国人心的排雷战士

颁奖词

> 你退后　让我来
>
> 六个字铁骨铮铮
>
> 以血肉挡住危险
>
> 哪怕自己坠入深渊
>
> 无法还给妈妈一个拥抱
>
> 无法再见妻子明媚的笑脸
>
> 战友们拉着手蹚过雷场
>
> 你听　那嘹亮的军歌

是对英雄的礼赞

简历

2018年10月11日下午，在边境扫雷行动中，面对复杂雷场中的不明爆炸物，杜富国对战友喊出"你退后，让我来"，在进一步查明情况时突遇爆炸，英勇负伤，失去双手和双眼，同组战友安然无恙。杜富国的伤情牵动着全国人民的心，人们通过各种形式向他表达慰问。国防部评价说：杜富国同志面对危险、舍己救人，用实际行动书写了新时代革命军人的使命担当。

刘传健：中国民航英雄机长

颁奖词

仪表失灵

你越发清醒

乘客的心悬得越高

你的责任越重

在万米高空的险情中

如此从容

别问这是怎么做到的

每一个传奇背后

都隐藏着坚守和执着

简历

2018年5月14日，川航3U8633重庆至拉萨航班执行航班任务时，在万米高空突然发生驾驶舱风挡玻璃爆裂脱落、座舱释压的紧急状况，这是一种极端而罕见的险情。生死关头，刘传健果断应对，带领机组成员临危不乱、正确处置，确保了机上119名旅客生命安全。

程开甲：两弹一星功勋

颁奖词

空投　平洞　竖井

朔风　野地　黄沙

戈壁寒暑成大器

于无声处起惊雷

一片赤诚　一生奉献

一切都和祖国紧紧相连

黄沙百战穿金甲

甲光向日金鳞开

简历

1946年8月，程开甲赴英留学。中华人民共和国成立后，程开甲放弃了国外的优厚条件回到中国，1960年，加入我国核武器研究的队伍，从此消失20余年。从1963年第一次踏进罗布泊到1985年，程开甲一直生活在核试验基地，为开创中国核武器研究和核试验事业，倾注了全部心血和才智。程开甲设计了中国第一个具有创造性和准确性的核试验方案，设计和主持包括首次原子弹、氢弹，导弹核武器、平洞、竖井和增强型原子弹在内的几十次试验。

（2）《北京爱情故事》中程峰为重回董事会，在股东大会上的即兴演讲。

（90度深鞠躬）在座的各位，有很多都是和我父亲一路并肩战斗过来的，我刚刚那个道歉是给你们的。梁总说得很对，以前的程峰是个什么德行，大家都很清楚。我现在不是在为自己的行为辩驳，而是我想告诉大家，就在几天前，当我在狱中见到自己的父亲，我看到他瞬间苍老的背影时，我才明白，不管我和他的误会有多深，我用自己放逐的方式去报复他，那个行为都是多么可笑，因为我身上毕竟流淌的是他的血。所以每一次在伤害他以后，留给我的只能是悔恨。这几个月发生了太多的事，父亲入狱，公司易主，我最爱的女孩终于和我走到了一起。我的两个好兄弟，一个为我放弃了自己的事业，还有一个，却在离我越来越远……

这些事情都让我明白了一个道理，就是我不能再为自己活着。所以我想告诉大家，这次增持行动，最后的结果到底是怎么样已经不重要了，但这件事情我一定要做。因为只有这样，我才能向狱中的父亲，向在座的各位，还有我的爱人、我的朋友，我要向你们证明，从今天以后，程峰会认真地活着，会好好地活着。谢谢！（鞠躬）

这份计划书，是我这几天做出的对大德汇通近期形势的一个简单分析及对未来的一个具体展望，当然，更是一个郑重承诺。其核心内容非常简单，基本可以概括为：如果我有幸可以重新把握大德汇通未来的发展方向，我会聘请并大力放权于职业管理人团队，并进行不低于自己的同比例持股的股权激励。也就是说，大德汇通公司将彻底告别家族化管理模式，在不久的将来变成一个真正由职业管理人共同打造、具备强烈市场竞争意识的现代化企业。我的承诺及保证，还有对公司未来方向的制订，都详细地记录在这份计划书里。我恳请各位董事，能本着大德汇通公司未来的发展前景及各位股东自身的利益，在仔细阅读这份计划书后，给出你们心中最后的答案。谢谢！

（3）一位导游在游程结束时的欢送词。

各位游客朋友：我们的行程到这里就结束了，非常开心这些日子能与大家一起相处。

我希望我给各位带来的开心和欢乐，以后会让你们想起这里还有一位你的朋友——小胡导游。

我想用四个"yuán"字来表达我的心情。

第一个是缘分的缘，我们能够相识就是缘，人说百年修得同船渡，我们也修得同车行。

现在我们就要分开了，缘却未尽，还只是一个开始。

第二个就是源头的源，我相信这次旅行是我和各位朋友友谊的开始。

第三个是原谅的原，在这次七天的旅行中，我可能还有许多做得不好、不够的地方，多亏了大家对我的理解和帮助我们才能顺利完成这次旅行。我在这里真诚地希望大家能原谅导游小胡。

第四个是圆满的圆，朋友们，我们的旅程到这里就圆满地结束了。预祝大家在以后的工作中更上一层楼！

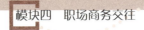

 **一片冰心在玉壶**
——团队沟通

情景导入

　　董腾健所在的销售部由于业绩出色，公司奖励了其部门十个去海南旅游的名额。但是销售部一共有十三人，董腾健决定找负责此事的朱总谈谈，看能不能增加三个名额。

　　董腾健："朱总，我们部门十三个人都想去海南，可只有十个名额，剩余的三个人会有意见，能不能再给三个名额？"

　　朱总："筛选一下不就完了吗？公司能拿出十个名额就花费不少了，你们怎么不多为公司考虑？你们呀，就是得寸进尺，不让你们去旅游就好了，谁也没意见。我看这样吧，你们三个做部门经理的，姿态高一点，明年再去，这不就解决了吗？"

　　如何在职场如鱼得水、创造辉煌，仅靠业务能力是远远不够的！职场精英们总是能把复杂微妙的职场人际关系处理得恰到好处，这也使他们的工作事半功倍。案例中的董腾健如果改变一下沟通策略，是否可以得到满意的结果呢？他应该如何展开沟通呢？

项 目 设 定 与 分 析

我们是一个团队

董腾健在被任命为销售部经理后,摆在他面前的首要任务便是团队建设。团队中老张德高望重但是思想保守;小李毕业于名校恃才自重;方明业绩一般又工作懒散。董腾健打算分别找他们谈谈,组建一个团结、强大、具有凝聚力的团队。

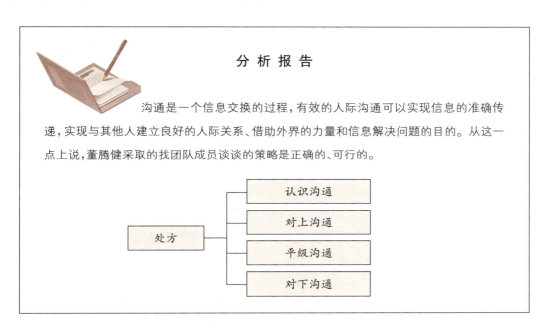

分 析 报 告

沟通是一个信息交换的过程,有效的人际沟通可以实现信息的准确传递,实现与其他人建立良好的人际关系、借助外界的力量和信息解决问题的目的。从这一点上说,董腾健采取的找团队成员谈谈的策略是正确的、可行的。

处方 —— 认识沟通
—— 对上沟通
—— 平级沟通
—— 对下沟通

项 目 实 施

任务1:认识沟通

一、概述

(一)沟通的概念

所谓沟通就是指人与人之间通过语言或非语言的方式进行双向或者多向信息交流的行为。

从形式上看,沟通一般采用语言沟通或文字沟通,当然有时也可能出现物品沟通;从内容上看,沟通的内容不外乎交流信息、情感、思想、观点、态度等。沟通过程往往要受到沟通双方的心理因素的制约,因此,在沟通中心理因素发挥着很重要的作用。由于沟通主客体和外部环境等因素,沟通过程中会出现各种各样的沟通障碍,如倾听障碍、情绪噪声、信息超载。因此,为了达到沟通的目的,我们必须首先认识沟通中可能存在的障碍,然后采取适当的措施以消除障碍,从而实现建设性的沟通。

（二）沟通的要素

人与人的沟通过程包括输出者、接受者、信息、渠道等四个主要因素。

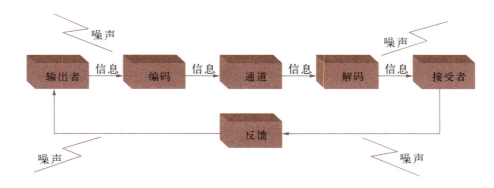

（三）沟通的意义

沟通是人类组织的基本特征和活动之一。没有沟通,就不可能形成组织和人类社会。善于沟通的人懂得如何维持和改善相互关系,能更好地展示自我需要、发现他人需要,最终赢得更好的人际关系和成功的事业。

沟通的意义主要有两个。

（1）传递和获得信息。信息的采集、传送、整理、交换,都需要通过沟通来实现。通过沟通,交换有意义、有价值的各种信息,生活中的大小事务才得以开展。

掌握低成本的沟通技巧、了解如何有效地传递信息能提高办事效率,而积极地获得信息更会增强人的竞争优势。好的沟通者可以一直保持注意力,随时抓住内容重点,找出所需要的重要信息。他们能更透彻地了解信息的内容,获得最佳的工作效率,节省时间与精力,获得更高的生产力。

（2）改善人际关系。从某种意义上说,社会就是一张关系网,而这张网是需要人们通过相互沟通来维持的,人们相互交流是因为需要同周围的社会环境相联系。

沟通与人际关系两者相互促进、相互影响。有效的沟通可以赢得和谐的人际关系,而和谐的人际关系又使沟通更加顺畅。相反,不和谐的人际关系会使沟通难以开展,而不恰当的沟通又会使人际关系变得更坏。

二、建设性沟通

所谓建设性沟通是指在不损害人际关系的前提下进行确切的、诚实的沟通。它具有三个特征:一是实现信息的准确传递;二是保证人际关系不受损害;三是解决问题。

（一）建设性沟通的原则

任何沟通都是有目的的，沟通双方都希望通过沟通满足自己某方面的需要。如果沟通双方在沟通中能够清楚地了解对方的沟通目的，在沟通中站在对方的角度去看问题，在不损害自身利益的前提下提供对方期待得到的东西，那么沟通就会实现双赢。

1. 信息组织原则

所谓信息组织原则就是沟通双方在沟通之前应该尽可能地掌握相关的信息，在向对方传递这些信息时应尽可能地简明、清晰、具体。

（1）全面对称。即在沟通中是否提供了全部的必要信息；是否完整地回答了对方的全部问题；是否提供了额外需要的信息；是否根据沟通环境和对象，采用了适当的语言表达方式和正确的数据资料。

案例赏析

一名学生敲门进入老师办公室，手上拿着两本书，问"你是×××老师吗？"在得到肯定回答后，该生将书放下，并说："这是给你的。"然后转身离开。老师一头雾水。

点评：案例中，该学生在沟通中未能很好"全面对称"地提供必要信息，如"什么书""谁送的""做什么用的"，导致老师一头雾水。同时，在与上级、长辈沟通时，用"您"会显得更有礼貌。

（2）简明清晰。即用尽量少的语言传达尽量丰富的内容，清晰思考、清晰表达。

简明清晰的技巧

避免乏味冗长的语言表达。

避免不必要的重复。

所组织、传递的信息中只包含有用的信息。

选用熟悉、具体、精确的词语，避免使用晦涩、深奥的语言。

构筑有效的语句和段落。

一般一个句子以多于10个字、少于40个字为佳。

（3）幽默风趣。幽默从来都是良好沟通的润滑剂，因此在沟通中应尽量采用幽默风趣、具体活泼的语言，从而达到较好的沟通效果。

2. 真诚礼貌原则

"沟通从心开始",因此沟通中要做到真诚、礼貌,发自内心地使用礼貌用语,用尊重人的语气和非歧视性的表达方式讲话。

课堂互动

　　某企业正在召开董事会。董事王明经过精心准备,在董事会上提出并说明了自己提高生产率的新计划设想。当王明讲完后,另一位老资格的董事发言:"按照我的想法,以这个途径来解决生产率问题是幼稚的。情况要比王明想到的复杂得多,我认为我们不能在这个计划上浪费更多的人力、物力和时间。"

　　请点评案例中这位老资格董事的沟通表达方式。如果是你,你会怎么说呢?

3. 连贯谈话原则

在沟通过程中,为使沟通能达到较好的效果,我们还必须遵从连贯谈话原则。即交谈的双方应轮流讲话以保持谈话的连贯性;应学会多提问以避免长时间停顿;同时要注意对谈话主题和时间的把握,不能出现"一言堂"现象。

4. 对事不对人原则

沟通的目的是解决问题,因此,沟通中要把注意点集中在事情上、结果上,而不是对某个人人品、智力的评价上。

5. 积极倾听原则

沟通的过程也就是倾听的过程。研究表明,在沟通中倾听比表达更重要。在沟通中我们要培养良好的倾听习惯,摒弃不良的倾听习惯。

良好的倾听习惯	不良的倾听习惯
了解对方的心理	喜欢批评,打断对方谈话
倾听时集中注意力	注意力不集中
创造谈话的兴趣	表现出对话题没有兴趣
观察对方的身体语言	没有眼神的交流
分析对方言外之意并给予反馈	反应过于情绪化
确认对方谈话的目的	不分析对方的言外之意

关于积极倾听的建议：

- 以点头或应声来表示你的注意和兴趣。
- 不仅要听内容,更要关注情绪。
- 必要时予以重复。
- 安排充分的谈话时间。
- 避免直接的质疑和反驳。
- 重复询问你想知道的事情,鼓励对方进一步解释和澄清。
- 注意对方避而不谈的问题。
- 确定对方确实想知道你的观点,并且诚实告之。
- 保持情绪平和。

（二）建设性沟通的策略

沟通讲究策略。沟通中可根据沟通客体、沟通内容、沟通情境的不同,选择合适的沟通策略。沟通最终落实点在于三个问题：

- 受众需要什么?
- 我能给受众什么?
- 如何把"受众需要的"和"我能提供的"进行有机联结?

小窍门：
建设性沟通的核心是换位思考。

（三）基蒂·洛克的换位沟通六技巧

美国的沟通理论研究专家基蒂·洛克在谈到换位沟通时,曾提出了六项技巧。下面以某电商卖家与买家的交流为例简要说明此六项技巧的内容。

（1）卖家不要强调你为买家做了什么,而要强调买家能获得什么或能做什么。从正面或中立的立场出发,强调买家想要知道的内容。

非换位：亲,今天下午我们就会快递出您下单的衣服。
换位：亲,您订购的米色M码哈伦裤将于今天发出,预计明天中午送到您处。

（2）沟通时涉及买家的要求、订单或保单时，要具体指明。买家是个人或小业主时，这种指明订单内容的做法会显得友善；如果买家是有生意往来的公司时，要列出发票或订单号码。

> 非换位：亲，您下单的货品已发出。
>
> 换位：亲，您订购的与××同款的蓝色真丝围巾已发出。

（3）在优惠或让利活动中，卖家一般不谈自己的感受。

> 非换位：亲，我们很高兴给予您15%的让利额度。
>
> 换位：亲，今天我们店铺刚好有15%的让利活动。

（4）不要告诉买家他们会作何反应或如何感受。当要告诉买家一个好消息时，直截了当会更好。

> 非换位：亲，您会很高兴听到您的货品已发出的消息。
>
> 换位：亲，您订购的货品已于今天下午发出。

（5）涉及褒奖内容时，多用"您"而少用"我"，褒奖的内容和买家、卖家共同相关时应尽量用"我们"。

> 非换位：亲，我们店铺对所有买家提供七天内包退包换服务。
>
> 换位：亲，如果您对收到的货品不满意，您享有七天内包退包换的权利。

（6）涉及贬义的内容时，避免使用"您"为主语，以满足买家的自我保护意识。

> 非换位：亲，您这样的评论不实事求是哦！
>
> 换位：亲，每一位会员对店铺的评论都应该实事求是。

沟通的双70定律：管理者70%的时间用于沟通；现实中70%的问题由沟通障碍引起。

任务2：对上沟通

一、对上沟通技巧

与上司沟通一般可分为三种情况：接受指示、汇报工作和商讨问题。

（一）接受指示

技巧：

（1）明确沟通的时间、地点。

（2）问清沟通的内容。

（3）认真倾听。

（4）用提问明确指示的相关内容：目标、依据、步骤。

（5）重复内容进行反馈。

（6）提出疑问，"如果……那怎么办"。

（7）注意表达方式。

（二）汇报工作

技巧：

（1）汇报内容与上司指示相对应。

（2）重点明确（站在上司的角度）。

（3）寻求反馈，"您觉得怎么样"。

（4）客观、准确，不要主观臆断。

（5）复述上司的反馈与评价。

（三）商讨问题

技巧：

（1）表达准确、简明、完整，重点突出。

（2）客观表达自己的观点和想法，对事不对人。

（3）投入并寻求反馈，让对方感觉到"我在很认真地表达"。

（4）避免争辩。

（5）控制情绪。

二、与不同类型上司的沟通技巧

在与上级沟通之前，需了解其人，了解其特有的管理风格，这样才能实现有效沟通。上司的管理风格大致可以归为四类：创新型、传统型、整合型、实干型。

（1）创新型上司特点：注重结果考核、全局思考、反应速度快、非格式化。

沟通技巧：

◆ 让上司参与到问题的解决中来。

◆ 让领导时刻感觉到"问题还处在未决状态"。

语言表述：

◆ "我建议……""我一直在想……""您怎么认为"。

（2）传统型上司特点：注重过程考核、局部思考、反应速度慢、格式化。

沟通技巧：

◆ 提前电话预约。

◆ 控制自己的情绪。

◆ 不把不成熟的想法和盘托出。

语言表述：

◆ 语速放慢。

（3）整合型上司特点：注重过程考核、全局思考、反应速度慢、非格式化。

沟通技巧：

◆ 准备好所有问题的背景资料。

◆ 把有可能要上司承担责任的问题先处理好。

语言表述：

◆ "这些问题,已经请……解决了。"

（4）实干型上司特点：注重结果考核、局部思考、反应速度快、格式化。

沟通技巧：

◆ 注意主动性。

◆ 直接从问题的结果入手。

语言表达：

◆ "这个问题不解决,就会……"

三、对上沟通的基本要求

- 态度友好,理清思路。
- 理解上级、不自恃。
- 从做好本职工作出发。

四、对上沟通的基本策略

- 给上司提问题，尽量同时给出选项。
- 选择地点：与上司沟通不一定要在办公室。
- 预想一些上司可能问到的问题并提前准备答案。

温馨小提示

- 克服下属常有的"不安全感"。
- 尊重你的上司。
- 分析上司的管理风格，并作出最适当的回应。
- 学会从上司的角度去思考和处理问题。
- 要清楚，你的上司是一位读者、听众。
- 使你的上司知道你的目标是什么，以及什么不是你的目标。
- 不要给你的上司经常制造"惊奇"。
- 注意细节。
- 建立科学地思考问题、解决问题的方法体系。

课堂互动

请阅读下面案例并分析：

(1) 你觉得下面的沟通中，谁应该作出更大的改进？为什么？

(2) 请结合案例，举出一个你在工作、学习中因你与上级沟通不畅而失败的真实案例。

(3) 请举出一个你在工作、学习中因你与上级成功沟通而达到预期目标的真实案例。

案例情景：

人　物：李总（48岁）、陈部长（36岁）

地　点：总经理办公室

李　总：小陈，我们董事会昨天研究了一下，打算调人力资源部副部长老马到你们部任副部长，但还没有最后确定，打算征求一下你的意见。

陈部长：我觉得老马不合适。他年龄太大，身体又不好，而且不熟悉业务。

李　总：不过我们还没有发现比老马更合适的人选。

陈部长：李总，你别总盯着老同志，年轻人中人才有的是。

李　总：（不高兴）小陈，你少年得志可别瞧不起老同志哦。老马在公司干了二十多年，不要说你们部的副部长，当副总都够格，正因为他年龄大，才给你当副手。

陈部长：李总，我们那里是生产一线。要给老马提级，在公司里找个闲职也行。我们部副部长管销售，累死人，把老马拖垮了我可担当不起。

李　总：看来你有更合适人选了？

陈部长：我想推荐我们部小张。第一，他年轻力壮，身体比老马强；第二，他搞了五年销售，业务比老马熟练；第三，他到公司一直在我部里，比老马更了解情况；第四，小张是开拓型人才，主管营销正需要这样的人，而老马搞人事这么多年比较保守……

李　总：（打断，怒）好了好了！小张的情况我不如你熟悉，可老马的情况我比你了解。

陈部长：副部长是我的助手，当然最好是我了解的人。

李　总：（不耐烦）好吧！两个人都提交董事会讨论，最后由董事会决定。

任务3：平级沟通

平级沟通即同事之间的相互沟通。在所有沟通中，平级沟通是难度较大的一种。

一、平级沟通策略

- 主动：主动与同事沟通，有利于被接纳。
- 谦让：一个人只有学会了谦虚，在需要帮助的时候才会容易得到别人的支持。
- 体谅：换位思考。
- 协作：先帮助别人，才有资格请别人帮助你；自己先提高协作能力，才能要求别人配合。
- 双赢：尽量避免说"对你有帮助""对你很重要"。

二、平级沟通的表达技巧

（1）多以"我""我们部门"作为谈话的开头。

　　"我想改变这个工作程序，你有什么见教？"

　　"我想，如果改变一下这个工作的程序，或许会提升效率，想听听你的意见，并请你裁决。"

（2）明确表达自己的意见。"我认为……""我的意见是……"

（3）不把自己的意见强加于对方，要知道人人都有表达不同意见的权利。

　　"我个人认为这样或许更有效，不知道你是怎么想的？"

（4）商讨性提问。"我的报表明天中午交来，会不会给你们的工作带来不便？""你对这件事有何看法？"

（5）拒绝委婉，理由明确。"对不起，这事有点难办。因为……"

（6）避免直接批评，用建议表明态度。"我认为……或许……"

（7）及时反馈。不明白处及时提出疑问。

三、平级沟通的基本要求

- 乐于付出
- 相互尊重
- 换位思考

四、平级沟通的身体语言

- 积极的头部动作：点头。
- 正确的目光交流：注视。
- 肯定的手部姿势：双手摊开。
- 轻松的脚部姿势：两只脚踝相互交叠。

温馨小提示

- 互相尊重。
- 不要忘了大的、共同的目标。
- 遵守游戏规则。

- 了解对方的表达方式、站在对方的立场上考虑问题。
- 对事不对人。
- 服从大局,甘当配角。
- 行政手段不是解决冲突的最佳办法。

任务4：对下沟通

相对应于对上沟通,与下属沟通的形式也有三种:下达指令、听取汇报和商讨问题。能否充分有效地进行沟通,会直接影响到团队运行的效率。

一、对下沟通技巧

（一）下达指令

技巧:

（1）明确指令的内容。

（2）态度平等,用词礼貌。多使用"请""我们"等用词向下属下达指令,而避免用"你应当怎么样""你只能怎么样"等话语。

（3）让下属充分理解指令的意义和价值,激发其光荣感。

（4）让下属复述指令要求,确保下属准确无误地理解指令的要点和要求。

（5）明确告知自己能为下属提供的资源和支持。

（6）询问下属落实指令的困难,并指明解决的途径,帮助下属树立信心。

（7）允许下属提出问题和要求,并尽可能给予正面解答。

（二）听取汇报

技巧:

（1）要事先约定时间、地点,让下属做好充分的准备。

（2）注意倾听。

（3）多鼓励,少插话。

（4）及时评价。

（5）适时引导。

（三）商讨问题

技巧：

（1）做好充分预案，防止跑题。

（2）多发问，多鼓励，引导下属讲出真实想法。

（3）对下属提出的不同看法，应采用换位思考的方式尽快作出反馈，并对下属意见表示充分认可。

（4）将自己的工作业绩与下属的工作成效紧密关联，尽可能地让下属产生责任感和使命感，畅所欲言地交换意见。

（5）防止把讨论变成指示，引导下属整理归纳出结论，激发下属的信心和责任感。

二、对下沟通策略

（1）多了解状况，才能掌握主动权。

（2）不要责骂，指出问题要有理有据。

（3）提供方法，并紧盯过程。

温馨小提示

- 你是一个舵手，引导你的员工走上正确的方向。
- 你是一个油库，为你的员工补充燃料。
- 你是一座靠山，解除你员工的困惑，临危不乱。
- 你是一位将军，训练并带领你的员工，取得一次又一次胜利。
- 你是一位慈父，你的员工需要你的支持和鼓励。

课堂互动

1.阅读下列案例，并进行分析。

案例涉及人员：

主管：营销部主管马林。

下属：营销员小刘。

案例情景：

小刘刚办完一个业务回到公司，就被主管马林叫到了办公室。

"小刘啊，今天业务办得顺利吗？"

"非常顺利，马主管，"小刘兴奋地说，"我花了很多时间向客户解释我们公司产品的性能，让他们了解到我们的产品是最合适他们使用的，并且在别家再也拿不到这么合理的价钱了，因此很顺利就把公司的机器推销出去一百台。"

"不错，"马林赞许地说，"但是，你完全了解客户的情况了吗？会不会出现反复的情况呢？你知道我们部门的业绩是和推销出的产品数量密切相关的，如果他们再把货退回来，对于我们的业绩增长会产生很大影响。你对于那家公司的情况真的完全调查清楚了吗？"

"调查清楚了呀，"小刘兴奋的表情消失了，取而代之的是失望的表情，"我是先在网上了解到他们需要供货的消息，又向朋友了解了他们公司的情况，然后才打电话到他们公司去联系的，而且我是得到你的批准才去的呀！"

"别激动嘛，小刘，"马林讪讪地说，"我只是出于对你的关心才多问几句的。"

"关心？"小刘不满道，"你是对我不放心吧！"

（1）如果你是马林，你会怎样与小刘沟通？

（2）如果你是小刘，你会怎样与马林沟通？

2. 如果你是这个小组的领导，你准备如何对他们进行表扬？

> 小王、小李、老张都是××小组成员。由于小王、小李积极而又具有开拓性的工作，使小组成绩突出。老张德高望重，工作积极，但由于观念陈旧，方法落后，成绩不太理想。

3. 假设你是经理，你会怎么处理这个情况？如果要批评，应该如何进行？

> 你部门员工张某，上班经常迟到，上月共迟到十次，仅上周就迟到四次，很明显，扣发部分奖金的办法对他已失去约束力。

1. 阅读下面的案例并分析案例中两人的交流存在哪些问题,两人分别应怎样处理这种情况会更好。

一天,小乔走进王志的办公室,大约是上午九点半,王志正埋头工作。"嗨,王志,"小乔说,"今晚去观看联赛比赛吗? 你知道,我今年志愿参加。""噢,小乔,我实在太忙了。"接着,小乔就在王志的办公室里坐下来,说道:"我听说你儿子是个非常出色的球员。"王志将一些文件移动了一下,试图集中精力工作。他答道:"啊? 我猜是这样的。我工作太忙了。"小乔说:"是的,我也一样。我必须抛开工作,休息一会儿。"王志说:"既然你在这儿,我想你可以比较一下,数据输入是用条形码呢,还是用可视识别技术? 可能是……"小乔打断他的话,说:"外边乌云密集,我希望今晚的比赛不会被雨浇散了。"王志接着说:"这些技术的一些好处是……"他接着说了几分钟。又问:"那么,你怎样认为?"小乔回答道:"噢,不,它们不适用。相信我。除了客户是一个水平较低的家伙外,这还将增加项目成本。"王志坚持道:"但是,如果我们能向客户展示它能使他省钱并能减少输入错误,他可能会支付实施这些技术所需的额外成本。"小乔惊叫起来:"省钱! 怎样省钱? 通过解雇员工吗? 我们公司已经大幅度裁员了。""顺便说一下,我仍需要你报告进展的资料,"王志提醒他,"明天我要把它寄给客户。你知道,我需要8到10页,我们需要一份很厚的报告向客户说明我们有多忙。""什么? 没人告诉我。"小乔说。"几个星期以前,我给项目团队发了一份电子邮件,告诉大家在下个星期五以前我需要每个人的数据资料。而且,你可能要用到这些为明天下午的项目情况评审会议准备的材料。"王志说。"我明天必须讲演吗? 这对我来说还是个新闻。"小乔告诉他。"这在上周分发的日程表上有。"王志说。小乔自言自语道,"好吧,我不得不看一眼这些东西了。我用我六个月以前用过的幻灯片,没有人知道它们的区别。那些会议只是一种浪费时间的方式,没有人关心它们,人人都认为这只不过是每周浪费两个小时。""不管怎样,你能把你对进展报告的资料在今天下班以前以电子邮件的方式发给我吗?"王志问。"为了这场比赛,我不得不早一点离开。""什么比赛?""难道你没有听到我说的话吗?联赛。""或许你现在该开始做我说的这件事情了。"王志建议道。小乔说:"难道你不能在明天我讲述时做记录吗? 那将给你提供你做报告所需的一切。""不能等到那时,报告必须明天发出,我今晚要在很晚才能把它搞出来。""那么,你不去观看比赛了?"小乔问。"一定把你的输入数据通过电子邮件发给我。""我不是被雇来当打字员的。"小乔说完便转头离开了。

2. 请运用交谈的基本原则分析下面的案例,并制订相应的交谈策略。

案 例 评 估

张小姐,18岁,因患1型糖尿病而入院治疗。患者害怕接受胰岛素治疗,每次接受注射时,都要在父母的帮助下进行。患者知道自己得了糖尿病之后非常悲观,甚至失去了生活的勇气。但根据患者病情,护士必须使她在出院前改变对胰岛素治疗的抗拒心理,以便使其出院后能自愿地维持治疗。

现在她的责任护士再次与她交谈。

护　士:张小姐,你现在似乎已经比刚才好些了! 我能和你谈谈你的治疗问题吗?

张小姐:我知道你又要谈什么胰岛素了。你住嘴吧,我不要听! 你这个讨厌鬼,不要老是拿胰岛素来麻烦我,我不需要什么胰岛素,我不想一辈子背着这个沉重的包袱,你走吧!

(1)请对张小姐的行为和心理进行分析,然后与下面本书给出的分析相比较。

表面想法:拒绝胰岛素治疗,特别不愿意长期依靠胰岛素治疗,不愿意听护士说有关胰岛素治疗的事。

情感流露:无法接受自己如此年轻便得了糖尿病这个事实,因而极度悲观、绝望,失去生活的信心,抗拒治疗(哭闹、谩骂等)正是这种绝望情绪的表露和发泄。

潜在愿望:哭闹谩骂行为恰恰反映了患者的脆弱无助。实际上她需要更多的同情和更耐心的帮助,以重建对生活的信心。

(2)根据对以上案例的分析来设计对策。请将你的对策写在练习本上,然后与下面本书提供的对策相比较。

患者张小姐抗拒胰岛素治疗的深层次原因是对生活的悲观失望。在最美好的青春年华得了这种难治的慢性病,对患者来说无疑是个沉重的打击。因此,她的哭闹抗拒是可以理解的。与张小姐交谈,必须保持十分冷静的态度,给予其深切的同情和关怀,同时进行实事求是的病情说明,逐步帮助她面对生病的现实,重建对生活的信心。

(3)请对下面几种可供选择的交谈方式,做分析评价。

选择A:"我来找你谈话,是为你好,是想关心你、帮助你。你应该感谢我才是,你却骂我是'讨厌鬼',叫我走开。好吧,我走,注射不注射胰岛素关我什么事……"

选择B:"你这孩子,都快20岁了,怎么还这么不懂事? 你的病就是要坚持用胰岛素治疗才能得到控制。你以为我们替你注射胰岛素是找你麻烦吗? 那是为你好! 如果我们都走开,都不去管你,你以为你会好起来吗? 那真是一点希望也都没有了……"

选择C:"你年纪这么轻就得了糖尿病,的确是件非常痛苦的事,我很理解你的心情。我要是处在你的位置,也会与你一样失去控制的!(坐在张小姐床边,抚摩她的手背)不过,请你想一想,你这样哭闹,特别是你拒绝治病,能解决问题吗? 这只能使你的身体越来越坏,使你的病情更加严重,也会使你的父母更加伤心……你还这么年轻,今后的日子还很长。糖尿病的治疗虽然比较麻烦,但也并不可怕。只要你严格按医生的要求注意饮食和运动调养,同时坚持胰岛素治疗,病情是可以得到控制的,你可以坚持学习和工作,也可以结婚生子,有美满幸福的家庭……关键是坚持治疗和调养,如果只是悲观失望,甚至抗拒治疗,那就真的没有希望了……"

(4)请将对以上三种交谈方式的分析与下面本书给出的分析相比较。

点评A："选择A"中的护士没有移情式的理解和同情，不能冷静地分析和对待患者的哭闹谩骂，反而受其影响而情绪失控，最后采取不负责任的态度一走了之。这种做法不仅不能消除患者的对抗心理，反而会激化矛盾。

点评B："选择B"中的护士也缺乏移情式的理解和同情，企图用指责来限制张小姐的对抗行为。如果限制无效，也会激化矛盾，不利于问题的解决。

点评C："选择C"中的护士首先给患者以移情式的理解与同情。在患者情绪缓和时，采取坐在患者旁边甚至抚摩等非语言方式，以消除对抗。然后耐心地指出哭闹和拒绝治疗的后果，说明坚持胰岛素治疗和调养可以控制病情，引发患者对疾病治疗的希望和信心。这是比较理想的交谈方式。

3. 请分析并提出建议，小董应该如何与他们沟通，促进团队的合作。

小董虽然刚进公司三个月，但因业绩突出，被任命为一个销售团队的主管。这个团队一共有四个人。老汪是公司里面的老资格，但是工作不积极，销售业绩四人中最差；小周毕业于名牌高校的市场营销专业，销售业绩也是四人中最好的，但看不起其他三个人；小陈和小吴是公司的新员工，销售业绩平平，但对人都很热情，是公司里面的老好人。

4. 小组讨论：

（1）直接与上司的上司（如副总经理）沟通是否合适？

（2）如何与副总经理沟通？请根据以下案例，设计一个与副总经理沟通的办法。

你是公司市场部的职员，大学本科毕业已经有三年了。你的部门经理初中毕业，很有闯劲。由于年龄、文化程度差异等原因，你对部门经理在管理过程中的一些做法有不同意见，比如部门经理更多地采用经验式管理方法；在激励方面，过于注重过程导向，却忽视结果导向，缺乏目标激励。你曾经与部门经理谈起过自己的想法，建议采用目标管理的方式，用结果导向对员工进行考核激励，但部门经理并不感兴趣。对此你非常不满，一段时间以来，你一直在考虑，希望与公司主管经营的副总经理做一次沟通。

5. 阅读下面的案例和评析，找出案例中沟通双方的问题，以及相应的解决办法。

王岚是一个典型的北方姑娘，在她身上可以明显地感受到北方人的热情和直率，她喜欢坦诚，有什么说什么，总是愿意把自己的想法说出来和大家一起讨论。正是因为这个特点她在上学期间很受老师和同学的欢迎。今年，王岚从西安某大学的人力资源管理专业毕业。她认为，经过四年的学习自己不但掌握了扎实的人力资源管理专业知识，而且具备了较强的人际沟通技能，因此她对自己的未来期望很高。为了实现自己的梦想，她毅然只身去广东求职。

经过将近一个月的反复投简历和面试，在权衡了多种因素的情况下，王岚最终选定了东莞市的一家研究、生产食品添加剂的公司。她之所以选择这家公司因为该公司规模适中、发展速度很快，最重要的是该公司的人力资源管理工作还处于起步阶段，如果王岚加入将是人力资源部的第一个人，因此她认为自己施展能力的空间很大。

但是到公司实习一个星期后，王岚就陷入了困境中。

原来该公司是一个典型的小型家族企业，企业中的关键职位基本上都由老板的亲属担任，其中充满了各种裙带关系。尤其是老板安排了他的大儿子做王岚的临时上级，而这个人主要负责产品研发工作，根本没有管理理念，更不用说人力资源管理理念，在他的眼里，只有技术。最重要的是，老板认为公司只要能赚钱，其他的一切都无所谓。但是王岚认为越是这样就越有自己发挥能力的空间，因此在到公司的第五天，王岚拿着自己的建议书走向了老板的办公室。

"王经理，我到公司已经快一个星期了，我有一些想法想和您谈谈，您有时间吗？"王岚走到经理办公桌前说。

"来来来，小王，本来早就应该和你谈谈了，只是最近一直扎在实验室里就把这件事忘了。"

"王经理，对于一个企业尤其是处于上升阶段的企业来说，要持续发展必须在管理上狠下功夫。我来公司已经快一个星期了，据我目前对公司的了解，我认为公司主要的问题在于职责界定不清；雇员的自主权力太小致使员工觉得公司对他们缺乏信任；员工薪酬结构和水平的制订随意性较强，缺乏科学合理的基础，因此薪酬的公平性和激励性都较低。"王岚按照自己事先所列的提纲开始逐条向王经理叙述。

王经理微微皱了一下眉头说："你说的这些问题确实存在，但是你必须承认一个事实——我们公司在赢利，这就说明我们公司目前实行的体制有它的合理性。"

"可是，眼前的发展并不等于将来的发展，许多家族企业都是败在管理上。"

"好了，那你有具体方案吗？"

"目前还没有，这些还只是我的一点想法而已，但是如果得到了您的支持，我想制订出方案只是时间问题。"

"那你先回去做方案，把你的材料放这儿，我先看看然后给你答复。"说完王经理的注意力又回到了研究报告上。

王岚此时真切地感受到了不被认可的失落，她似乎已经预测到了自己第一次提建议的结局。

果然，王岚的建议书石沉大海，王经理好像完全不记得建议书的事。王岚陷入了困惑之中，她不知道自己是应该继续和上级沟通，还是干脆放弃这份工作，另找一个发展空间。

6. 模拟实践

以4～6人为一小组模拟一个公司，选择一项须团队合作才能完成的任务，组长任总经理，然后按每个人的特点分配各自的任务，运用本项目所学的团队沟通的各项技巧，合力完成设定的目标任务。

组　别	评 分 标 准			
	任务明确情景合理（10分）	会运用对上级、对平级、对下级各项沟通技巧（30分）	团队合作圆满完成任务,各组员表现符合自己的角色设定（40分）	表演正式、严谨,小组配合默契（20分）
第一小组				
第二小组				
第三小组				
……				

模块实训
——服务接待情景模拟

项目 五

项目说明

一、项目实施目的

本项目主要考查服务接待基本礼仪的掌握，包括电话接听礼仪、接待引导礼仪、自我介绍礼仪、握手礼仪、名片递接礼仪等。学生通过本项目的实施，能够结合日常交际中沟通和礼仪的原则，以正确的服务接待方式进行简单的商务交往。

二、项目开展方式

本项目以小组为单位，要求各小组自设职场沟通情境，进行职场接待沟通的情景模拟。

三、项目实施建议

本项目以教学班级为单位进行，参与项目人数一般控制在100人以内，以6～8人为一小组开展为宜。

项目实施

项目实施的整个过程可分为项目准备阶段、项目实施阶段和项目总结阶段。

一、项目准备阶段

（1）项目指导教师提前两周告知学生项目实施的目的、要求等，并要求学生自行分组和准备项目实施必需的道具。

（2）项目指导教师应根据班级学生人数，准备合适的项目开展场所。

（3）项目指导教师应提前一周决定小组展示的先后顺序。可由小组间互相商定，也可抽签决定。

（4）项目指导教师应提前一周说明项目实施的基本规则和操作步骤。

（5）每个小组自定一名成员参与项目实施阶段的评分、考核。

（6）制定评分标准。

二、项目实施阶段

（1）小组按照事先认定的先后顺序登台展示。

（2）每个小组在展示完毕后，由组长说明本小组主题情境展示中出现的服务接待礼仪点，至少5条。

（3）项目指导教师与其他小组评判人员可以提问，一个问题的提问与回答时间总计不超过2分钟。

（4）项目指导教师与其他小组评判人员打分。

（5）每个小组的项目开展时间一般控制在8分钟以内。

（6）根据学生的具体表现，项目指导老师与小组评判成员一起评定小组成绩，一般可以有最佳接待奖、最佳设计奖、团队合作奖等。

三、项目总结阶段

（1）项目指导教师从知识的掌握、技能的形成及学生的表现出发，对整个项目作总评。

（2）学生对项目实施过程进行点评与反思，并形成项目实训报告。实训报告内容包括项目名称、小组成员、设计的礼仪点、自我评价、他人评价，以及项目反思。

项 目 实 施 条 件

（1）服务接待实训室或桌椅可移动的教室。

（2）多媒体设备：能满足教学示范的要求及音响运用需求。

注 意 事 项

（1）项目实施期间，要求学生遵守纪律，尊重指导教师，虚心求教。

（2）参与项目的学生必须按时参加，不得擅自提前结束或不参与。

（3）切实做好项目安排和项目记录，对项目实施过程中出现的问题，应及时记录。

附1 项目评分标准

（1）场景设计与职场实际基本吻合，情景模拟中至少出现5条服务接待基本要点。（30分）

（2）小组成员分工明确，能准确理解岗位职责要求，服务接待规范、礼貌，能体现良好的服务接待修养。（40分）

（3）小组成员配合良好，回答问题礼貌周全，充分展示团队合作精神。（30分）

附2 服务接待基本要点列举

（1）办公室环境设计相关礼仪。基本要点：办公桌的摆放，电脑的摆放，记事本、笔、杯子等的摆放。

（2）拜访礼仪。基本要点：走姿、坐姿、时间管理、自我介绍等。

（3）引导礼仪。基本要点：走廊引导礼仪、楼梯引导礼仪、电梯引导礼仪等。

（4）握手礼仪。基本要点：握手的顺序、握手的时间、握手的姿势等。

（5）名片递接礼仪。基本要点：名片递接的时间、名片递接的顺序、名片递接的姿势等。

（6）电话接听礼仪。基本要点：表情、声音、语速、三声原则、三分钟原则、电话记录、内容复述等。

模块五 课程综合实训

职业形象设计与面试技巧比赛

项 目 说 明

一、项目实施目的

本项目旨在进一步考查学生对本学期所学的礼仪、沟通知识的掌握与运用能力,同时通过本项目的实施提升学生自我表现能力、职业形象设计能力,并引导学生获得面试经验,顺利实现由"准职业人"向"职业人"的转换。

二、项目开展方式

本项目采用个人参赛展示的方式进行,参赛人选采用自主报名与团队推荐相结合的形成决定。

三、项目实施建议

本项目为对课程学习的综合考察,具有一定的观摩性与指导性,建议以几个平行班共同参与的模式展开。一般建议参赛人数控制在15人左右,时间控制在2个小时以内。

项目实施

项目实施的整个过程可分为项目准备阶段、项目实施阶段和项目总结阶段。

一、项目准备阶段

（1）项目指导教师至少应提前两周告知学生项目实施的目的、要求等，并完成项目实施团队的组建。

（2）项目指导老师应指导项目实施团队提前一周制订完成项目实施方案，并向全体学生说明项目实施的具体要求、基本规则及实施步骤。

（3）提前一周完成参赛选手的推荐或报名工作。

（4）根据项目实施要求，提前申请合适的实施场地。

（5）每个班级推荐1名成员参与项目实施阶段的评分、考核。

（6）制订评分标准。

（7）推选或指定主持人1～2名。

二、项目实施阶段

项目实施阶段划分为两个环节：职业形象设计展示环节与面试应答技巧展示环节。

（一）职业形象设计展示环节

（1）参赛选手3人一组上台展示，内容包括1分钟自我介绍和2分钟的职业形象设计展示。

（2）评委根据选手的自我介绍及形象设计提问。

（3）评委打分。

以此类推，直至所有选手展示完毕。

（二）面试应答技巧展示环节

（1）选手抽签确定求职岗位并向评委展示。

（2）评委随机提问。一般每位选手回答3个问题，时间控制在5分钟以内。

（3）评委打分。

以此类推，直至所有选手展示完毕。

（三）颁奖环节

根据选手的具体表现，项目指导教师与其他评判同学一起评定参赛选手的成绩，并颁发"职场丽人奖""最具风采奖"和"最佳表现奖"等奖项若干。

三、项目总结阶段

（1）项目指导教师从知识的掌握、技能的形成及学生的表现出发，对整个项目实施做总评。

（2）学生对项目实施过程进行反思和总结，并形成项目实训报告。实训报告包括：

① 团队篇。内容包括团队名称、推荐成员、最终成绩、自我评价、他人评价，以及项目

反思。

②个人篇。内容包括隶属团队、最终成绩、自我评价、他人评价，以及项目反思。

项 目 实 施 条 件

（1）桌椅、可移动教室，有T型台更佳。

（2）多媒体设备：能满足教学示范的要求及视频、音频的运用需求。

注 意 事 项

（1）项目实施期间，要求学生遵守纪律，尊重指导教师，虚心求教。

（2）参与项目的学生必须按时参加，不得擅自提前结束或不参与。

（3）切实做好项目安排和项目记录，对项目实施过程中出现的问题，应及时记录。

附1：

职业形象设计评分表

序　号	姓　名	评 分 标 准			总　分
		与求职岗位和本人体征相符的仪容（10分）	与工作环境相符合的服饰搭配（15分）	与岗位要求相一致的身体姿态（站、坐、行）(15分)	
1					
2					
3					
……					

附2：

面试技巧评分表

序号	姓　名	评　分　标　准					总　分
		掌握专业知识和基本职业能力（20分）	语言表达清晰流畅，用词得当，意思表达准确，回答问题具有条理性和逻辑性（20分）	对主考官提的问题有独到的见解与分析，有问题处理能力及随机应变的能力（20分）	顾全大局、具有团队精神，人际沟通能力良好（20分）	充满自信，态度端正、举止得体（20分）	
1							
2							
3							
……							

项目 二 新品发布会

项 目 说 明

一、项目实施目的

本项目主要考查服务沟通能力,包括会务布置、产品介绍、商务致辞等。通过本项目的实施,使学生对会务布置知识有一个大致的了解,能运用产品介绍技巧进行产品介绍,并进行简单的商务致辞。

二、项目开展方式

本项目以教学班级为单位进行,一般一个自然教学班分为两个项目组。每个项目组下设秘书接待组、业务组、宣传策划组、项目实施组、嘉宾组等。

三、项目实施建议

本项目以教学班级为单位进行,每个项目参与人数一般控制在20人左右。每个项目组的实施时间为一课时(45分钟)左右。

项 目 实 施

项目实施的整个过程可分为项目准备阶段、项目实施阶段和项目总结阶段。

一、项目准备阶段

（1）项目指导教师提前三周告知学生项目实施的目的、要求等，并要求各班自行组建两个项目组。每个项目组根据自身专业选择要发布的新品。

（2）每个项目组按照项目开展方式要求，自行组建秘书接待组、业务组、宣传策划组、项目实施组和嘉宾组。一般每个小组4～5人。秘书接待组负责会场的相关布置、业务组负责确定发布新品并准备新产品的介绍、宣传策划组负责项目实施策划、项目实施组负责发布会的主持及各类礼仪文书的写作、嘉宾组根据自身职务、身份自行负责相关发言资料。各小组自行负责准备项目实施必需的道具。

（3）业务组应提前两周确定发布的新品。宣传策划组应至少提前一周制订完成策划方案。

（4）项目指导教师应准备合适的项目开展场所。

二、项目实施阶段

（1）各项目组的秘书接待组布置会场。（5分钟）

（2）嘉宾组入场。主持人介绍到场嘉宾。（5分钟）

（3）主人及嘉宾致辞。（10分钟）

（4）新产品发布。（10分钟）

（5）场内互动。新产品观摩、业务组回答顾客提问。（7分钟）

（6）致感谢辞，主持人宣布结束。（3分钟）

三、项目总结阶段

（1）项目指导教师从知识的掌握、技能的形成及学生的表现出发，对整个项目做总评。

（2）学生对项目实施过程进行点评与反思，并形成项目实训报告。实训报告内容包括：① 项目名称；② 项目分工：秘书接待组、业务组、宣传策划组、项目实施组、嘉宾组；③ 项目组自评；④ 各小组自评：秘书接待组、业务组、宣传策划组、项目实施组、嘉宾组；⑤ 项目反思。

项 目 实 施 条 件

（1）服务接待实训室或桌椅可移动的教室。

（2）多媒体设备：能满足教学示范的要求及视频、音频运用的需求。

注 意 事 项

（1）项目实施期间,要求学生遵守纪律,尊重指导教师,虚心求教。

（2）项目参与学生必须按时参加,不得擅自提前结束或不参与。

（3）切实做好项目安排和项目记录,对项目实施过程中出现的问题,应及时记录。

团队沟通与合作

项目说明

一、项目实施目的

本项目主要考查团队内部的沟通能力，包括沟通对象的选择、沟通内容的整合、沟通方式的选用等。通过本项目的实施，对团队沟通有一个切实的理解并能在现实生活中予以贯彻。

二、项目开展方式

本项目以小组为单位进行，要求各小组按照给出的任务书完成小组任务。

三、项目实施建议

本项目以教学班级为单位进行，每个团队人数为5人。一个项目的实施时间为一课时（45分钟）左右。

项目实施

项目实施的整个过程可分为项目准备阶段、项目实施阶段和项目总结阶段。

一、项目准备阶段

（1）任务书设计。团队沟通任务书按照角色设计，角色A的任务书，既有具体内容，也有明确的任务指令，其他成员的任务书只有内容，不出现任务指令。以此类推，完成任务书设计。具体见以下示例。

上、下、左、右、中 （任务：找出其他任务书中相同的一个字。）	天、高、地、远、中。	东、西、南、北、中。
A的任务书	B的任务书	C的任务书

（2）沟通信息条设计。具体见本项目附件。

（3）项目指导教师提前一周准备好沟通任务书、沟通信息条。按一个班40人计算，5人一小组，分为8个小组，教师应准备角色A任务书8份，角色B任务书8份，以此类推。沟通信息条原则上每人4份。鉴于部分学生完成沟通任务可能需要4份以上的信息条，因此建议项目指导教师预留几份信息条以备用。

（4）项目指导教师应准备合适的项目开展场所。

二、项目实施阶段

（1）将人员分成若干个小组，每组5人。

（2）人员角色设置，任意指定5人角色分别为A、B、C、D、E。

（3）游戏规则说明。主要要点如下。

　　① 所有人不允许说话，只允许通过或沟通信息条交流。

　　② A、C、D、E只能给B发沟通信息条，A、C、D、E之间不能互相发邮件，B可以给所有人发邮件。

　　③ 游戏开始后，任何人不许讲话，如有疑问，请举手，到活动室外向游戏引导人提出。

　　小组中的任何成员可以宣布答案。

（4）项目具体实施。（25分钟）

　　① 按照角色分发任务书，每人1份。

　　② 项目实施直到全部小组完成沟通任务为止，但原则上不能超过20分钟。

附件：

沟 通 信 息 条

To： From： 时间： 编号： 信息内容：＿＿＿＿＿＿＿＿＿＿＿＿ ＿＿＿＿＿＿＿＿＿＿＿＿＿＿＿＿＿	To： From： 时间： 编号： 信息内容：＿＿＿＿＿＿＿＿＿＿＿＿ ＿＿＿＿＿＿＿＿＿＿＿＿＿＿＿＿＿

三、项目总结阶段

(一) 总体执行情况

沟通游戏完成后,整理出每个人的邮件数量及完成时间,各小组不超过20分钟。

完成时间	
A发的邮件数	
B发给A的邮件数	
B发给其他人的邮件数	
C发的邮件数	
D发的邮件数	
E发的邮件数	
上交错误答案次数	

(二) 沟通成本计算

1. 固定成本计算

每分钟当成一个月,A和B的工资及场地费2万元(虚拟,下同);其余人员的工资及场地费用为1万元。

2. 变动成本计算

A和B之间的邮件按照4万元/封计算,其余邮件按照3万元/封计算。

8分钟内完成,销售收入160万元。

8 ~ 12分钟完成,销售收入140万元。

12 ~ 15分钟完成,销售收入120万元。

15分钟以后完成,销售收入100万元。(延迟每分钟罚款10万元)

20分钟以后,取消项目合同,客户罚款20万元。

每上交一次错误答案,罚款20万元。

3. 沟通成本计算

小组	销售收入	人工固定成本 人工成本=完成时间×7万元	变动成本							罚款				利润
			A邮件数×4万元	B发给A的邮件数×4万元	B发给其他人的邮件数×3万元	C邮件数×3万元	D邮件数×3万元	E邮件数×3万元	合计	上交错误次数×20万元	延迟时间罚款×10万元	客户罚款20万元	罚款总计	

说明：时间计算中，只要超出一秒即增加一个月。

（三）项目总结反思

（1）项目指导老师从知识的掌握、技能的形成及学生的表现出发，对整个项目做总评。

（2）学生对项目实施过程进行点评与反思，并形成项目实训报告。

四、形成实训报告

（一）项目基本情况

班级：_____；组别_____

小组成员：A_____ B_____ C_____

D_____ E_____

（二）项目总结

1. 团队反思总结

（1）最好的团队需要几封邮件可以解决游戏要求完成的任务？

（2）角色A讨论：如何成为一个合格的角色A？

（3）角色B讨论：如何成为一个合格的角色B？

（4）角色C、D、E讨论：如何成为一个合格的角色C、D、E？

2. 个体反思总结

（1）我是角色A：_____

我的沟通技能评定：优　良　中　及格　不及格

（2）我是角色B：_____

我的沟通技能评定：优　良　中　及格　不及格

（2）我是角色C、D、E：_____

我的沟通技能评定：优　良　中　及格　不及格

项 目 实 施 条 件

（1）桌椅可移动的教室或可间隔的空间。

（2）多媒体设备：能满足教学示范的要求及视频、音频运用的需求。

注 意 事 项

（1）项目实施期间，要求学生遵守纪律，尊重指导老师，虚心求教。

（2）项目参与学生必须按时参加，不得擅自提前结束或不参与。

（3）切实做好项目安排和项目记录，对项目实施过程中出现的问题，应及时记录。

主要参考文献

［ 1 ］ 金正昆. 商务礼仪［M］. 北京：北京联合出版公司，2013.

［ 2 ］ 金正昆. 服务礼仪［M］. 北京：北京联合出版公司，2013.

［ 3 ］ 金正昆. 职场礼仪［M］. 北京：北京联合出版公司，2013.

［ 4 ］ 朱燕. 现代礼仪学概论［M］. 北京：清华大学出版社，2006.

［ 5 ］ 韦克俭. 现代礼仪教程［M］. 2版. 北京：清华大学出版社，2016.

［ 6 ］ 迪尔，肯尼迪. 企业文化：企业生活中的礼仪与仪式［M］. 李原，孙健敏，译. 北京：中国人民大学出版社，2020.

［ 7 ］ 卡耐基. 人性的弱点［M］. 曹顺发，董淑铭，译. 天津：百花文艺出版社，2018.

［ 8 ］ 高田贵久. 精准表达：让你的方案在最短的时间内打动人心［M］. 宋晓煜，译. 南昌：江西人民出版社，2018.

［ 9 ］ 安德森. 演讲的力量：如何让公众表达变成影响力［M］. 蒋贤萍，译. 北京：中信出版社，2016.

［10］ 汉弗莱. 即兴演讲：掌控人生关键时刻［M］. 垌清，王克平，译. 北京：人民邮电出版社，2018.

［11］ 孙海燕，刘伯奎. 口才训练十五讲［M］. 3版. 北京：北京大学出版社，2015.

［12］ 邵守义，谢盛圻，高振远. 演讲学教程［M］. 2版. 北京：高等教育出版社，2006.

［13］ 王芬. 语言与交际［M］. 北京：中国政法大学出版社，2015.

［14］ 海勒. 色彩的性格［M］. 吴彤，译. 北京：中央编译出版社，2016.

感谢您使用本书。为方便教学，我社为教师提供资源下载、样书申请等服务，如贵校已选用本书，您只要关注微信公众号"高职素质教育教学研究"，或加入下列教师交流QQ群即可免费获得相关服务。

"高职素质教育教学研究"公众号

资源下载：点击"**教学服务**"—"**资源下载**"，或直接在浏览器中输入网址（http://101.35.126.6/），注册登录后可搜索下载相关资源。（建议用电脑浏览器操作）

样书申请：点击"**教学服务**"—"**样书申请**"，填写相关信息即可申请样书。

样章下载：点击"**教材样章**"，可下载在供教材的前言、目录和样章。

师资培训：点击"**师资培训**"，获取最新直播信息、直播回放和往期师资培训视频。

🎯 联系方式

职业素养和创新创业教师交流QQ群：310075759

联系电话：（021）56961310　电子邮箱：3076198581@qq.com